지구과학을 위한 ———

차 근 차 근
파이썬
코딩 실습

지구과학을 위한
차근차근 파이썬 코딩 실습 활용편 VOL 1

ⓒ 심성보, 시호연, 진대호, 송강현, 이선주, 이정은, 최다영, 류지훈, 박훈영, 2023

개정판 1쇄 발행 2023년 8월 12일

지은이   심성보, 시호연, 진대호, 송강현, 이선주, 이정은, 최다영, 류지훈, 박훈영
기획   김춘지
펴낸이   이기봉
편집   좋은땅 편집팀
펴낸곳   도서출판 좋은땅
주소   서울특별시 마포구 양화로12길 26 지월드빌딩 (서교동 395-7)
전화   02)374-8616~7
팩스   02)374-8614
이메일   gworldbook@naver.com
홈페이지   www.g-world.co.kr

ISBN   979-11-388-2176-6 (94000)
        979-11-388-2175-9 (세트)

지구과학을 위한 ————

차근차근

활용편
Vol 1

파이썬
코딩 실습

Python coding

심성보, 시호연, 진대호, 송강현, 이선주, 이정은, 최다영, 류지훈, 박훈영 지음

김춘지 기획

좋은땅

지구과학을 전공하고 있거나 관련 자료의 분석이 필요한 사람, 혹은 프로그래밍을 처음 배우고자 하는 사람이라면 누구나 Fortran, Perl, C/C++, Java, Python 등 다양한 언어 중에서 어떤 것을 사용할 것인가를 두고 고민할 것입니다. 필자 역시 지난 수년 동안 지구과학 분야에서 연구를 했기 때문에 자료처리와 통계 분석을 목적으로 다양한 종류의 프로그래밍 언어를 사용했습니다.

그러다 우연한 기회에 직장 내 프로그래밍 교육을 담당하면서 파이썬을 선택하게 되었습니다. 그 이유는 문법이 쉽고 간결해 접근 장벽이 낮아서 학습용으로 적합했을 뿐만 아니라, 오픈 소스 개발 언어이기 때문에 무료로 제공하고 있어 실력 있는 개발자들이 만들어 놓은 훌륭한 패키지들이 많았기 때문입니다.

이러한 장점으로 파이썬의 인기가 높아짐에 따라 수많은 관련 책들이 출판되었으며 인터넷을 통해서도 다양한 영상들이 올라와 있어 파이썬을 손쉽게 접할 수 있습니다. 하지만 책들과 영상들을 통해 파이썬 프로그래밍을 익힌 후, 정작 분석에 필요한 자료들을 처리하고 표출하고자 하면 예상치 못한 에러를 마주하기 마련입니다. 그러면 결국 해결 방법을 찾기 위해 많은 시간을 보내거나 급한 경우 손에 익숙한 언어로 돌아가게 되곤 합니다.

이런 경험을 바탕으로 이 책의 저자들은 최신 버전의 파이썬을 사용해 기상/기후 등 지구과학 영역에서 활용할 수 있는 다양한 자료의 분석 노하우나, 그 과정에서 겪을 수 있는 문제 해결에 초점을 두어 누구나 쉽게 이해하고 사용할 수 있도록 하는 데 중점을 두었습니다. 파이썬(Python)은 그리스 신화에서 중요한 일의 신탁을 담당하던 큰 뱀의 이름에서 유래한 것입니다. 그리스 사람들이 그러했듯 파이썬 사용자에게 이 책이 이러한 신탁소의 역할을 하게 되길 바랍니다.

그리고 지구과학뿐만 아니라 파이썬을 사용하는 모든 분야에 종사하는 분들께 이 책이 도움이 되었으면 합니다.

2023년 4월

필자 심성민

2019년도에 출간한 『대기과학을 위한 NCL』을 배포하면서 만났던 대부분의 교수님들과 연구자분들께서 연구자를 위한 파이썬 프로그래밍 책의 필요성에 대해 언급하셨습니다. 그분들의 기원이 저에게 에너지가 되어 연구자들에게 도움을 주기 위한 파이썬 프로젝트를 기획할 수 있었습니다. 저는 저자분들과 함께 2019년 12월 16일 온라인 킥오프 미팅을 시작으로 2020년 4월 20일, 8차 회의를 진행하며 저자님들과 함께 『차근차근 파이썬 코딩 실습』의 기본편과 연구 활용 대기과학편 초판을 완성하였습니다.

그로부터 3년이 지나서 지금, 저는 새로운 파이썬 버전으로 코드를 수정하고 다양한 분야의 내용을 담고 싶었습니다. 저의 의견에 동의하시는 저자님들을 추가로 성공적으로 섭외할 수 있었습니다. 2022년 12월 26일 킥오프 미팅을 시작으로 『차근차근 파이썬 코딩 실습』의 연구 활용편을 개정하였습니다. 이 책의 목적은 연구자들이 파이썬 프로그래밍을 처음 배우는 단계에서 시행착오를 겪는 시간과 노력을 줄이고 그들이 보다 더 깊은 연구를 할 수 있는 시간을 확보할 수 있도록 하는 것입니다. 이를 위해 젊은 과학자들이 한 마음으로 위성자료, 태풍자료, 기상/기후자료, 해양, 레이더 등 다양한 분야의 연구자료를 시각화한 자신들의 노하우를 파이썬을 처음 배우는 연구자들에게 설명하듯이 이 책에 담았습니다. 각 챕터의 첫 페이지에는 저자의 성함과 이메일이 적혀 있습니다. 이는 독자의 궁금한 사항이 있을 시 주저하지 말고 질문하여 저자와 소통하길 바라는 메시지이니 독자분들께서는 이것을 적극적으로 활용하여 프로그래밍 실력을 일정 수준으로 올리는 시간을 단축하길 바라겠습니다.

『대기과학을 위한 NCL』은 저자들의 100% 재능기부로 출판되었습니다. 이 책 또한 초보 연구자들의 프로그래밍 배움의 문턱이 낮아지길 바라는 저자들의 마음으로 시작했지만, 기획자로서 저는 저자들의 헌신에만 기대어 연구자들에게 도움을 주기 위한 프로젝트가 과연 지속될지에 대한 고민을 많이 했습니다. 운이 좋게 저자분들의 재능기부로 본 프로젝트가 시작될 수 있었지만 그들의 가치가 단순히 기부로만 끝난다면 프로젝트가 지속되기 어렵다고 생각했습니다. 좋은 영향력을 줄 수 있는 선순환이 되기 위해서는 각 전공분야 저자들의 경험의 가치를 높이 평가하고 그들의 노고를 제대로 인정해 주는 문화를 형성할 뿐만 아니라 향후 미래 연구자들이 함께 프로젝트에 동참하고 싶어하는 시스템이 갖추어져야 한다고 생각합니다.

무엇보다 저의 기획 의도에 공감하여 집필에 참여해 주신 심성보, 시호연, 진대호, 송강현, 이선주, 이정은, 최다영, 류지훈, 박훈영 저자님들께 진심으로 감사의 마음을 전합니다. 저에게 본 프로젝트는 저자님들과 소중한 인연을 맺게 했을 뿐만 아니라 기획자로서 한 단계 성장할 수 있었던 소중한 기회였습니다. 제가 이 책을 기획하고 출판하는 과정에서 아낌없는 조언과 무한한 지지를 해 주셨던 국종성 교수님, 권민호 박사님, 김기영 대표님, 김백민 교수님, 김윤재 센터장님, 김주완 교수님, 김주홍 박사님, 나선미 연구사, 박선기 교수님, 박세영 연구관님, 손석우 교수님, 서명석 교수님, 이민정 변리사님, 이상현 교수님, 이수정 박사님, 이승우 연구관님, 이종화 연구원님, 이준이 교수님, 임영권 박사님, 전혜영 학회장님, 주상원 원장님, 차동현 교수님, 최용상 교수님께 진심으로 감사드립니다.

끝으로, 제가 하고자 하는 일에 대해 늘 뒤에서 응원해 주는 사랑하는 남편과 가족, 그리고 제 인생의 벗 모든 지인들에게 감사드리며, 이 책이 독자자분들의 파이썬 프로그래밍 공부에 많은 도움이 되길 진심으로 바랍니다.

2023년 4월

기획총괄 김춘지

감사의 말씀

심성보 저자(sbshim82@korea.kr)

파이썬은 참 매력적인 프로그래밍 언어입니다. 문체에는 작가의 개성이 녹아 있듯 코딩에도 각자의 스타일이 담겨 있는 거 같습니다. 처음 파이썬을 접하는 독자님도 차근차근 따라 하시며 자신만의 프로그램을 만들어 가시면 좋겠습니다. 이번 교재를 통해 능력 있는 저자님들과 작업하면서 더 많이 배울 수 있는 시간이 되었습니다. 자신의 경험과 노하우를 아낌없이 나눠 주신 저자님들께 감사드립니다. 그리고 훌륭한 프로젝트를 기획하시고 참여할 수 있는 기회를 주신 김춘지 대표님께도 진심으로 감사드립니다.

시호연 저자(drive.hoyeon@gmail.com)

우연한 기회에 참여하게 된 출판 프로젝트에서 제가 나눈 지식보다 더 많은 것을 얻어 가는 것 같습니다. 비록 제가 다른 실력자들에 비해 많이 부족하다고 생각하지만, 파이썬에 익숙하지 않은 연구자들에게 조금이라도 도움이 되길 바랍니다. 함께 고생한 김춘지 선생님과 다른 저자분들께 감사드립니다. 특히 프로젝트에 참여를 독려해 주신 제 지도교수이신 손병주 선생님께도 감사드립니다.

진대호 저자(Daeho.Jin@nasa.gov; https://github.com/DJ4seasons)

파이썬을 막 배웠던 몇 년 전을 떠올려 봤습니다. 당시에는 제가 뭘 모르는지를 그래서 뭘 찾아야 하는지를 몰랐기에 시행착오가 많았었습니다. 여전히 파이썬을 이용하면서 모르는 게 있고, 그래서 적절한 방법을 찾아보는 게 일상이지만, 그나마 제가 아는 것을 나눌 수 있는 기회가 주어져서 즐겁게 작업했습니다. 참여 기회를 주신 김춘지 대표님과 다른 저자분들에게 감사를 드리며, 저를 언제나 지탱해 주는 가족에게 역시 고맙다는 말을 전하고 싶습니다.

송강현 저자(skhyunf@gmail.com)

부족한 실력임에도 책 집필에 참여할 수 있는 기회를 주신 것에 대해 감사드립니다. 제 작은 노하우가 대기과학 분야 발전에 조금이라도 도움이 되었으면 좋겠습니다. 그리고 이 책이 대기과학을 넘어 모든 독자분들에게 좋은 시너지가 날 수 있길 바라며 인사말을 마치겠습니다. 인생 동반자인 용진이와 우리 집 작은 친구들에게 고맙다는 인사 남깁니다.

이선주 저자(sjlee33@kiost.ac.kr; seonjulee0611@gmail.com)

처음 파이썬을 접했던 제가 생각났습니다. 에러 해결에 며칠씩 걸리던 제가 부족한 실력이나마 누군가에게 도움을 주기 위해 파이썬 책을 집필하고 있다는 사실이 감개무량합니다. 여러 저자님들의 고민과 노력이 녹아 있는 이 책이 파이썬을 처음 접하는 독자님들의 시행착오를 줄이는 데 도움이 될 수 있으면 좋겠습니다. 저자로 추천해 주신 권민호 박사님과 책 집필을 격려해 주신 김춘지 대표님께 감사를 드립니다.

이정은 저자(wjddms4634@gmail.com)

먼저 파이썬을 처음 시작할 당시 많은 도움을 주었던 기상청 기상레이더 센터 박소연, 최재호, 고경연, 손명재 연구원님, 경북대 김권일 박사님, 한국천문연구원 정의정 선임연구원님께 감사드립니다. 또한 이 책에 함께할 수 있도록 도와주신 이승우 연구관님과 김춘지 대표님에게도 감사드립니다. 이 책의 제목처럼 파이썬을 이용하여 대기과학을 연구하려는 독자 여러분들이 이 책을 활용하여 파이썬을 공부하는 시간을 단축시켜 연구에 집중하며 대기과학을 발전시킬 좋은 성과를 거두시기 바랍니다.

최다영 저자(blingdy@gmail.com)

저자로 참여할 수 있게 책을 기획해 주신 김춘지 대표님, 추천해 주신 박세영 박사님 그리고 저를 항상 지지해 주고 사랑해 주는 저의 가족, 친구에게도 감사를 표합니다. 이 책을 저술하면서 다른 저자들의 노하우를 배울 수 있어서 뜻깊은 시간이었습니다. 이 책을 선택하신 독자 여러분, 여러분은 각 분야의 연구자들의 노하우가 담긴 이 책을 통해 여러분의 시간을 아끼고 파이썬을 다루는 능력이 배가 될 것입니다.

류지훈 저자(rjh4352@gmail.com)

훌륭한 저자님들 사이에서 의미 있는 저술 작업을 할 수 있어서 영광입니다. 교재 저술 참여를 독려해 주신 손병주 지도교수님께 감사드립니다. 또한 파이썬 교재가 완성되기까지 기획하고 여러 저자들의 의견을 조율하여 묵묵히 힘써 주신 김춘지 대표님께 감사드립니다. 마지막으로 항상 저를 믿고 지지해 주는 사랑하는 가족과 아내에게 감사의 마음을 전합니다.

박훈영 저자(hypark432nm@gmail.com)

아직도 파이썬을 처음 시작하며 느꼈던 막막함이 기억납니다. 여러 사람의 노력이 모여 지어진 이 책이, 새롭게 시작하는 누군가에게 좋은 지침서가 될 수 있기를 기원합니다. 시작부터 마무리까지 노력하신 김춘지 대표님, 기꺼이 노하우를 나누어 주신 다른 저자분들, 많은 조언 주신 선후배님들과 친구들, 그리고 사랑하는 가족에게 감사의 마음을 전합니다.

코드 배포 안내

이 책에서 사용된 모든 실습 코드과 데이터는 아래 주소에서 받을 수 있습니다.

https://github.com/bominconsulting/Step-by-step_Python_Learning.App2EarthSci_Rev2023

파이썬 프로그래밍 업데이트 집필진 모집

본 저서에 다양한 연구 분야 활용 사례를 추가하여 시리즈 출판을 계획하고 있습니다.

프로젝트 참여에 관심 있으신 분은 cjkim02@gmail.com로 연락 부탁드리겠습니다.

프로그래밍 교육 문의

연구 분석을 위한 실전 중심의 다양한 교육 프로그램을 기획하고 있습니다[교육 문의: (주)봄인컨설팅(cjkim02@gmail.com)].

본 교재는 (주)봄인컨설팅의 주관으로 기획되었으며 절대적으로 지지해 주신 후원자분들의 크라우드 펀딩으로 출판되었습니다(펀딩 문의: cjkim02@gmail.com).

크라우드 펀딩 후원자 명단

김주완

이수정

김주홍

이승우

김문현

서명석

엄대용

권하택

이민희

대기과학계에서는 자연 현상을 이해하고 원인을 규명하기 위해 데이터 처리 및 분석결과를 표출하는 도구로 포트란, GrADs, NCL 등의 프로그램을 오랜 시간 사용해 왔습니다. 최근 머신러닝과 인공지능 등 최신의 기술을 접목할 수 있는 파이썬이 각광을 받고 있으나, 파이썬을 처음 접하는 연구자들이 이에 익숙해지기까지는 많은 시행착오를 겪습니다. 연구자들의 진입 장벽을 낮추고 배움의 초기 단계의 수고를 덜어 주기 위한 파이썬 매뉴얼의 발간은 참으로 뜻깊은 일입니다.

'차근차근 파이썬 코딩 실습' 시리즈는 파이썬을 시작하는 연구자를 위한 기본편과 대기과학 분야의 연구 분석을 위한 연구 활용 대기과학 편으로 되어 있습니다. 저자들이 지난 수년간 기후, 위성, 태풍 등 각자의 연구 분야에서 연구 결과를 어떻게 표출할 것인지에 대해 다각도로 고민하고, 직접 코드 하나하나 찾아가며 본인의 연구 결과 분석에 최적화한 자료들이 이 책에 고스란히 녹아 있습니다.

이 책을 기획한 ㈜봄인컨설팅의 김춘지 대표님, 그리고 파이썬 노하우를 아낌없이 담은 심성보, 시호연, 진대호, 송강현, 이선주, 이정은, 최다영, 류지훈, 박훈영 저자님들에게 축하의 말씀을 전합니다. 이 책의 기본편은 파이썬에 입문하고자 하는 일반인을 비롯한 학생, 연구자들에게 도움이 되고, 대기과학 편은 대기과학 전공에서 학문을 시작하는 차세대 대기과학도들과 연구자들, 기상산업계 종사자들에게 큰 도움이 되길 기대합니다.

2020년 6월
한국기상학회장
전혜영

대기에서 발생하는 다양한 현상을 연구하는 대기과학 분야에 입문한 연구자들은 기상 관측 자료, 위성 자료, 태풍 자료, 수치 모델 자료 등 수많은 데이터를 처리해야 합니다. 따라서 연구자들은 다양한 데이터를 읽어 분석하고, 그림으로 표출하는 등 고난이도의 컴퓨터 프로그래밍 능력을 필요로 합니다. 사람의 언어가 그러하듯 프로그래밍 언어도 각각의 특징이 있으며 통용되는 사용자 커뮤니티도 있습니다. 프로젝트를 진행하거나 협업을 진행해 본 경험이 있는 연구자는 공통된 프로그래밍 언어를 사용하는 것이 얼마나 중요한지 느꼈을 것입니다.

파이썬은 복잡함보다는 단순함을 선호하고 가독성을 위해 명료하게 구성된다는 장점이 있습니다. 그래서 파이썬 언어는 처음 접하는 사용자도 빠르게 배울 수 있을 뿐만 아니라, 다른 사람이 작성한 코드도 쉽게 해석하고 수정해서 사용할 수 있습니다. 또한 파이썬은 최근 이슈가 되고 있는 빅데이터, 머신러닝, 인공지능을 대기과학 분야에 적용할 수 있는 라이브러리를 다양하게 보유하고 있습니다. 이러한 특징 때문에 파이썬은 대기과학 분야에서 가장 핫하게 떠오르는 컴퓨터 프로그래밍 언어입니다.

저자들은 이러한 파이썬 라이브러리를 활용하여 본인의 연구 분야에 적용한 경험과 노하우를 이 책에 담았습니다. 독자들에게 다양한 형태의 기상 기후자료를 다루는 방법을 예시와 실습을 통해 친절하게 알려 주기 때문에, 처음 파이썬을 활용하면서 경험하는 시행착오를 줄일 수 있습니다. 이 책에 나와 있는 예시를 차근차근 이해하며 실습을 따라 하면 독자가 다룰 수 있는 연구 자료의 종류가 더 풍성해질 것이며 데이터를 분석하고 시각화하는 강력한 도구를 얻게 될 것입니다. 또한 연구에 필요한 분석 요소를 발견하고 연구 성과를 높이는 데 기여할 것이라 믿습니다. 프로그래밍을 배우고 싶은 학생부터 분석 도구를 고민하고 있는 연구자에게 이 책을 추천합니다. 추천인이자 한 사람의 연구자로서 이 책을 읽고 있는 모두가 프로그래밍 공부를 시작으로 대기과학 분야를 개척하는 전문가로 성장하게 되기를 진심으로 바랍니다.

2020년 6월

국립기상과학원장

주상원

최근 들어 대기과학 연구 전반에 파이썬을 활용하는 사례가 많이 늘어나고 있습니다. 파이썬을 배울 수 있는 일반 강의나 교재들도 등장하고 있어서, 대기과학자들에게 맞춤형인 특별한 교재가 있다면 그들에게 더욱 유용하겠다고 생각하고 있었습니다. 그러던 중 본 교재의 출판 소식을 알게 되었고, 추천하게 되어 기쁘게 생각합니다.

사실 대기과학 연구를 위해서는 어떤 다른 자연과학 분야보다도 숙련된 컴퓨터 활용 능력이 필수적입니다. 프로그래밍 언어와 쉘 스크립트(shell script)뿐만 아니라 계산 결과를 선명하고 효과적으로 보여 주기 위한 시각화에 이르기까지 대기과학은 연구자들에게 참으로 많은 능력을 요구하는 것 같습니다. 과거와 비교해 인공위성을 비롯한 관측 시스템이 더욱 발달하고 컴퓨터의 시뮬레이션 능력이 향상된 현재에는 다뤄야 할 자료가 방대해지고 처리/분석 방법도 다양해져서 이를 충분히 수행해 낼 수 있는 다기능의 도구가 필요해졌습니다. 파이썬은 그러한 요구를 만족시켜서 현재의 대기과학 연구를 더 능률적으로 수행하는 데 매우 적절한 도구가 되고 있습니다. 본 교재는 다음에 나열한 파이썬의 대표적 장점들을 잘 이해할 수 있도록 구성했음을 발견할 수 있었습니다. 첫째 파이썬은 기존의 프로그래밍 언어나 수학 계산 소프트웨어들의 기능들을 포괄적으로 보유함과 동시에, 둘째로 배우기 어렵지 않은 문법들로 짜인 장점이 있습니다. 셋째, 계산과 동시에 결과를 훌륭한 그래픽으로 재현하는 기능을 겸비하고 있어 편리합니다. 넷째, 대기과학자들이 활용하는 모델/관측 자료들의 형식은 각기 다른 경우가 많은데 이러한 다양한 형태의 입력 자료를 쉽게 읽고 처리하는 데도 파이썬은 탁월한 능력을 갖추고 있습니다.

파이썬은 오픈 소스 기반이므로 누구나 쉽게 접근하여 본 교재에서 다루는 파이썬의 기능들을 경험할 수 있습니다. 본 교재가 파이썬의 문법 전수뿐 아니라 실제 연구에 어떻게 활용될 수 있는지 다양한 사례들을 제시해서 이해도를 높이도록 한 점도 인상적이었습니다. 대기과학을 활발히 연구 중인 현직 과학자들이 그들의 지식과 경험을 토대로 집필하여 독자들에게 생생한 현장감이 느껴지는 교재가 될 것으로 기대됩니다. 파이썬을 이용한 무수한 응용 사례들을 하나도 빠짐없이 담아낼 수는 없겠지만, 독자들의 궁금증 또한 저자들에게 별도의 질문을 통해 해결할 수 있을 것으로 생각합니다. 본 교재가 파이썬을 활용해 대기과학 연구를 지속하고자 하는 모든 분들에게 유용하게 쓰이길 희망합니다.

2020년 6월
Universities Space Research Association, NASA Goddard Space Flight Center
임영권

연구의 시작은 관심 분야와 주제를 선정하고 참조문헌을 읽는 것입니다. 더불어 어떤 자료를 어떻게 처리할지도 고민하기 시작합니다. 연구에서는 자료를 어떻게 처리하고 보여 주는지에 따라 결과가 달라질 수 있어 자료 처리와 분석의 시각화가 중요합니다. 따라서 자료를 처리하고 시각화할 수 있는 프로그래밍 언어의 선택 또한 중요하게 됩니다. 처음 선택한 프로그래밍 언어는 익숙해지면 최소 5년 혹은 그 이상 사용할 수 있기 때문입니다.

파이썬은 자료 처리부터 시각화까지 가능하고 NetCDF 형식도 지원하고 있어 NCL을 대신할 수 있습니다. 또한 인공지능 관련 라이브러리(Keras, Tensorflow, Pytorch 등)까지 있어 익혀 두면 아주 유용한 언어입니다. 첫 독학 프로그래밍 언어는 NCL이었지만 자료 처리의 한계를 느껴 간단명료하고 컴파일러 없이 사용할 수 있는 파이썬에 정착하게 되었습니다. 제가 파이썬을 시작한 시기에 길라잡이가 없어 여러 커뮤니티 사이트로 어렵게 독학하던 시절이 있었습니다. 또한 대기과학 분야에 대한 예시가 적어 자료를 처리하고 원하는 그림을 시각화하는 데 많은 시간이 걸렸습니다. 자료 처리나 시각화 과정 중 에러에 직면할 적에 파이썬을 할 수 있는 분이 거의 없어 조언을 구하기 힘들었고 해결하는데 최소 3일 이상 소요되었습니다. 그때, 이 책이 있었다면 주요하고 필요한 부분만 습득하여 시간을 아끼고 혼자 해결할 수 없는 문제에 대해 조언받을 수 있는 기회가 있었을 것입니다.

파이썬을 시작하기로 결심했다면 이 책을 추천합니다. 이 책은 기본부터 활용까지 갖추고 있습니다. 특히 저자들은 지구과학 분야별 연구자들로 선정한 모든 예시 그림과 사용한 자료부터 시각화까지의 과정을 상세히 언급하고 있어 초보자들에게 유용할 것입니다. 또한 각 예시 그림의 코드에 간단한 설명이 더해져 여러분의 이해를 돕고자 하였습니다. 여러분은 저자들의 노력이 깃든 예시를 차근차근 따라하다 보면 생각한 대로 원하는 자료를 처리하고 원하는 그림을 그릴 수 있는 능력을 갖추게 될 것입니다.

2023년 4월
(재)차세대수치예보모델개발사업단(KIAPS)
최다영

꾸준히 개정판을 편찬하여 대기과학 분야 파이썬 활용의 진정한 바이블이 되길 바랍니다.

- 김주홍 -

출판을 축하드리며, 긍정적이고 역동적인 모습의 당신을 응원합니다.

- 박상환 -

페북 잘 보고 있습니다.

작지만 후원했어요!

출간 잘하셔요!

- 엄대용 -

후학들을 위해 수고가 많아요.

- 서명석 -

파이썬 개정판 출간을 진심으로 축하드립니다. 유저 관점에서 꼭 필요한 내용으로 채워져 있어 파이썬을 사용하는 독자들에게 유용한 길잡이가 되어 줄 것입니다.

- 최현영 -

파이썬 개정판 출간을 축하드립니다. 어두운 바다의 등대 같은 존재가 되어 줄 책이네요.

- 이현하 -

출간 축하드리며 완판 기대합니다!

- 이기석 -

개정판 발간을 축하합니다! 연구자들에게 날개를 달아 주기 위해 차근차근 달려온 저자들과 기획자의 노고에 찬사를 보냅니다.

- 이승우 -

대기과학 연구자들에게 파이썬에 대한 진입 장벽을 낮춰 준 차근차근 파이썬 개정판 출간을 축하합니다.

- 이종화 -

④ 태풍 자료 분석

⑤ 다양한 자료의 시각화

1. 위성관측: 구름 및 강수

류지훈(rjh4352@gmail.com)

인공위성자료는 직접관측이 어려운 지역을 포함한 광범위한 영역을 관측할 수 있다는 장점으로 인해 대기과학을 포함한 여러 분야에서 널리 사용되고 있는 자료입니다. 이번 장에서는 파이썬을 활용하여 기상위성으로 관측된 구름 및 강수자료를 읽고, 이를 이용하여 필요한 변수에 대한 계산을 수행한 후 그 결과를 시각화하는 과정을 중점으로 다룰 것입니다.

1-1. Terra/MODIS

MODIS(Moderate-resolution imaging spectro-radiometer) 센서는 Aqua 및 Terra 위성에 탑재된 영상기로써, 대기과학 연구에 널리 활용되는 위성관측센서 중 하나입니다. 이 자료는 https://ladsweb.modaps.eosdis.nasa.gov/search/에서 다운로드 받을 수 있으며, 본 예제에서는 MOD021KM(복사량), MOD03(공간정보) 자료를 활용하였습니다.

그림 1-1은 2019년 9월 7일에 한반도상에 상륙한 13호 태풍 링링 사례에 대해 Terra MODIS의 복사량(Level 1B calibrated radiance) 자료인 MOD021KM 자료를 활용하였습니다. 이 중 대기 창 영역인 31번 밴드(중심파장: 11μm)의 02:35 UTC 및 02:40 UTC 복사량 자료를 이용하여 밝기온도를 계산한 후, 그 결과를 지도상에 나타냈습니다. MODIS 밴드에 대한 자세한 정보는 http://ocean.stanford.edu/gert/easy/bands.html에서 확인할 수 있습니다.

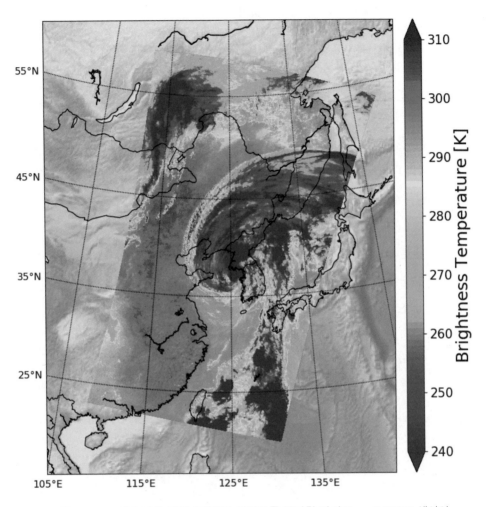

그림 1-1. 2019년 13호 태풍 '링링'이 한반도를 통과할 당시 Terra/MODIS 센서의
31번 밴드(11μm)로 관측된 밝기온도(2019.9.7. 0235-0240 UTC).

이번 절에서는 위와 같이 여러 개의 MODIS 관측자료로부터 복사량 정보를 추출하여 밝
기온도를 계산한 후, 이들의 분포를 지도상에 그리는 것을 수행할 것입니다. 전체적인
진행 순서는 아래와 같습니다.

> 1) HDF4 형식으로 저장된 MODIS 자료 읽기
> 2) 복사량 자료를 입력하여 밝기온도를 계산하는 사용자 지정 모듈 생성
> 3) 위에서 생성한 사용자 지정 모듈에 복사량을 대입하여 밝기온도 계산
> 4) 위치정보(위도, 경도) 자료 읽기
> 5) 계산된 밝기온도자료를 지도상에 표출하기

MODIS 파일은 HDF4 형식으로 저장되어 배포되고 있습니다. 따라서 이번 예제를 통해 HDF4 형식의 파일을 읽어 오는 것과 이를 이용하여 밝기온도를 계산하고 지도상에 표출하는 과정을 수행해 보겠습니다.

제일 먼저 코드 수행에 필요한 모듈들을 아래와 같이 불러오는데, 이 중 'rad' 모듈은 파이썬 내장 모듈이 아닌 복사량을 입력자료로 활용하여 밝기온도를 계산하기 위해 실습에서 직접 제작한 사용자 지정 모듈입니다.

```
# 사용되는 모듈 불러오기
import os
import numpy as np
import matplotlib.pyplot as plt
from mpl_toolkits.basemap import Basemap
from pyhdf.SD import SD, SDC
import rad
```

우선, 폴더 내에 있는 모든 파일들을 불러와서 변수 내에 저장합니다. os.listdir('폴더명')을 이용하며 해당 폴더 내에 있는 모든 파일을 지정된 변수 내에 list 형태로 저장합니다. 자료를 읽기 위해서는 필요한 변수명을 자료 내에 저장되어 있는 이름으로 미리 선언해야 합니다. 활용하고자 하는 MODIS 자료의 헤더파일을 확인하여 사용하고자 하는 변수의 이름을 미리 확인한 후 아래와 같이 지정합니다. 본 실습에서는 적외채널 복사량(EV_1KM_Emissive) 및 위도(Latitutde), 경도(Longitude) 변수가 필요하므로 다음과 같이 작성합니다. 복사량 자료는 MOD021을 활용하였으며, 위경도 값은 MOD03을 활

용하였습니다. MOD021 자료의 모든 밴드에 대한 자세한 정보(밴드 번호, 파장대, 배열 크기 등)는 http://ocean.stanford.edu/gert/easy/bands.html에서 확인할 수 있습니다.

```
# 파일 리스트 읽어 오기
data_flist = os.listdir('./data/radiance')        # MOD021KM
(Radiance 자료)
geo_flist = os.listdir('./data/geo')              # MOD03
 (Geolocation 자료)

# 변수명 저장
var_name = 'EV_1KM_Emissive'
lat_name = 'Latitude'
lon_name = 'Longitude'
```

메인 코드를 작성하기에 앞서 복사량을 입력했을 때 밝기온도를 계산하는 사용자 지정 모듈을 아래와 같이 작성하였습니다. MODIS의 헤더파일에서 확인해 보면 복사량 값의 단위 중 파장에 해당하는 단위가 m로 나타내어져 있는데, 계산과정에서 이를 SI 단위계 인 미터(m)로 바꿔 줍니다. 아래의 모듈 내에 있는 RAD2BT() 함수에 중심파장(m) 및 복사량(W/m2/m/str) 값을 입력해 주면 밝기온도가 계산됩니다.

```
# rad.py  (사용자 지정 모듈의 파일명)
import numpy as np

def RAD2BT(wl,rad):
    h = 6.626e-34                              # 플랑크 상수 [Js]
    k = 1.3806e-23                             # 볼츠만 상수 [J/K]
    c = 2.9979e+8                              # 빛의 속도 [m/s]
    rad = rad*1e+6          # 복사량을 SI 단위로 변경 [W/m2/m/strad]
    wl = wl*1e-6                    # 파장을 SI 단위로 변경 [m]
    P1 = h * c / (wl * k)
    P2 = np.log(1+ (2 * h * (c**2)) / ((wl**5) * rad ))
    BT = P1 / P2
    return BT
```

다시 메인코드로 돌아가서 앞서 불러왔던 자료 폴더 내의 파일들을 순차적으로 작업하기 위해 반복문 내에서 자료를 처리하는 코드를 아래와 같이 작성합니다. for문을 포함한 조건문 이하에서는 모든 명령어들을 들여쓰기(tab) 해야 하는 점을 주의합니다. 아래 코드에서는 사전에 읽어 들인 파일 개수를 np.size(data_flist)를 통해 얻은 후에 해당 개수만큼 반복문이 수행되도록 작성하였으며, 순서대로 파일들을 다루게 됩니다.

```
# 반복문 내에서 파일 리스트에 있는 자료들을 읽고 저장
for fn in np.arange(np.size(data_flist)):
    data_fname = './data/radiance/'+data_flist[fn]
    geo_fname = './data/geo/'+geo_flist[fn]
```

위에서 얻은 복사자료 및 위경도 자료의 절대경로 형태의 파일명을 이용하여 HDF4 파일을 읽는 코드를 작성합니다. MODIS 자료는 16개 밴드(Band 20~25, 27~36)의 적외채널 관측결과 값을 한 파일 내에 모두 제공합니다. 본 예제에서 활용하고자 하는 중심파장이 11m인 자료(Band 31, 16개의 적외채널 중 11번째 해당)만 추출하여 사용합니다. data_2d 배열의 크기는 (16,2030,1354)이며 이 중 11번째 배열의 자료만 활용합니다. 파이썬의 배열 인덱스는 0부터 시작하기 때문에 11번째 자료에 해당하는 인덱스인 10을 입력하였습니다. 이때 raw_data의 자료 형식은 uint16으로, 부호가 없는 16비트 정수형입니다.

```
# 자료 읽기
    hdf = SD(data_fname, SDC.READ) # HDF4 파일 열기
    data_2d = hdf.select(var_name) # HDF4 파일 내에서 원하는 변수 읽
어 오기
    raw_data = data_2d[10,:,:] # 11번째 적외채널인 Band 31 (IR11)
자료
```

위성자료와 같은 대용량자료들은 실수형으로 직접 저장하는 것보다 uint16과 같은 정수형으로 저장하고 이를 실수형으로 복원하기 위한 scale factor와 offset을 동시에 제공

함으로써 자료의 용량 측면 효율을 극대화합니다. MOD021KM의 헤더파일에는 scale factor와 offset이 각 16개 채널에 대해 실수형으로써 제공되고 있으며, 이를 이용하여 정수형의 원시자료를 실수형의 복사량 자료로 복원할 수 있습니다. 원시자료에서 offset 값을 일괄적으로 뺀 후 scale factor를 곱함으로써 복사량 값을 얻습니다.

```
# offset, scale factor 읽기
  attr = data_2d.attributes(full=1)

# Band 31 (10)
  aoa = attr["radiance_offsets"];        add_offset = aoa[0][10]
  sfa = attr["radiance_scales"];      scale_factor = sfa[0][10]
  data = (raw_data-add_offset)*scale_factor        # 복사량 계산
```

위 과정을 통해 얻어진 복사량 값을 사용자 지정 모듈에 중심파장과 같이 입력하여 밝기온도를 계산합니다.

```
  BT = rad.RAD2BT(11., data)                # 11= 중심파장 [μm ]
```

계산된 밝기온도 자료를 하나의 배열로 이어 붙이는 과정을 수행합니다. 반복문이 처음 수행된 경우(fn=0)에는 계산된 값을 배열에 그대로 저장하고, 처음이 아닐 경우(fn0)에는 np.concatenate() 함수를 이용하여 배열을 이어 붙여 줍니다. 아래 과정을 수행하면, (2030, 1354) 크기를 가지는 두 개의 자료가 이어 붙여져서 bt_all, lon_all, lat_all 배열의 크기는 (4060, 1354) 크기를 가지게 됩니다.

```
# 두 개 이상의 배열 이어 붙이기
  if fn == 0: bt_all=BT; lon_all=lon; lat_all=lat
  if fn != 0:
    bt_all = np.concatenate((bt_all,BT),axis=0)
    lon_all = np.concatenate((lon_all,lon),axis=0)
    lat_all = np.concatenate((lat_all,lat),axis=0)
```

다음으로, 위에서 계산된 결과를 이용하여 그림을 그리는 과정을 수행합니다. 그림을 표출하기에 앞서 기본적인 설정이 필요합니다. 그리고자 하는 지도의 위경도 범위, 변수(밝기온도)의 최댓값, 최솟값 범위와 표출할 그림의 크기 그리고 사용할 컬러 테이블을 설정합니다. 본 예제에서는 cm.jet 컬러 테이블을 활용하였습니다.

```
# 기본 범위 설정
st_lon =105; ed_lon = 155; st_lat = 15; ed_lat = 60    # 지도
영역 설정
vmin = 220                                 # 밝기온도 범위 최솟값 [K]
vmax = 310                                 # 밝기온도 범위 최댓값 [K]
fig,ax =plt.subplots(figsize=(8,8))               # 그림 크기
ct=plt.cm.jet                                   # 컬러 테이블 지정
```

자료를 표출하기에 앞서 지도 및 지도 투영방법을 설정합니다. 투영방법에 따라 중심위치 정보가 필요한 경우가 있는데, 이를 lon0, lat0에 저장합니다. 본 예제에서는 실제 위성의 시점과 유사한 모양으로 표출되게끔 Lambert Conformal Projection 프로젝션 방법을 사용하였습니다. 파이썬의 matplotlib 모듈에서 지원되는 다양한 지도 투영 방법은 https://matplotlib.org/basemap/users/mapsetup.html에서 확인할 수 있습니다.

```
# 지도 설정
proj = 'lcc'                    # 지도 투영 방법 선택(Lambert Conformal
Projection)
lon0 = 125.                               # 지도의 중심좌표(경도)
lat0 = 30.                                # 지도의 중심좌표(위도)
m = Basemap(resolution='l', area_thresh=1000., llcrnrlon=st_
lon,urcrnrlon=ed_lon, llcrnrlat=st_lat, urcrnrlat=ed_lat,
projection=proj, lon_0=lon0, lat_0=lat0)             # 지도 세팅
```

위에서 설정한 지도상에 국경, 해안선 및 위경도 격자를 그리고, 해당 격자에 대한 값을 지도의 끝에 표출하는 명령을 수행합니다.

```
# 해안선, 국경선 및 등위경도선
m.drawcoastlines(color='black', linewidth=1)          # 해안선
m.drawcountries(color='black', linewidth=1)           # 국경선
dlon = dlat = 10                              # 위경도 격자선의 간격
m.etopo(scale=0.5,alpha=0.5)      # 지도 배경 표출방법 설정(지형도 형태)
parallels = np.arange(st_lat,ed_lat+dlat,dlat)    # 등위도 격자
배열 생성
# 등위도 격자선
m.drawparallels(parallels,labels=[1,0,0,0],linewidth=1,fontsi
ze=12)
meridians = np.arange(st_lon,ed_lon+dlon,dlon)  # 등경도 격자 배열
생성
# 등경도 격자선
m.drawmeridians(meridians,labels=[0,0,0,1],linewidth=1,fontsi
ze=12)
```

이전 과정에서 계산된 밝기온도자료와 읽어 온 위경도 자료를 활용하여 설정해 놓은 지
도상에 그리는 과정을 다음과 같이 수행합니다. 그려진 그림은 원하는 경로에 저장함으
로써 그림 표출 및 생산을 완료합니다.

```
# 지도상에 밝기온도 결과 그리기
xaxis,yaxis = m(lon_all,lat_all)
cs = m.contourf(xaxis, yaxis, zprof,levels =
np.arange(71)+240,  extend='both', cmap=ct)
# 컬러바 생성
cb = m.colorbar(extend='both',pad=0.2,location='right',fracti
on=0.05,aspect=50)
cb.ax.tick_params(labelsize=15)    # 컬러바 이름 작성
cb.set_ticks(np.arange(240,320,10))  # 컬러바 상의 변수값의 간격 설정
cb.set_label('Brightness Temperature [K]' ,size=20) # 컬러바 라
벨 이름 설정
plt.tight_layout()   # 여백 최소화
fig.savefig('MOD021KM_sample.png') # 그림 저장
```

1-2. GPM/DPR 강우강도 분포

GPM(Global Precipitation Measurement) 위성에 탑재된 DPR(Dual-frequency Precipitation Radar) 센서는 두 개의 파장대(Ku-band; 13.6GHz, Ka-band; 35.5GHz)를 가지는 레이더에서 관측된 레이더 반사도를 이용하여 강우강도를 산출하는 강수레이더로써, 강수 연구에 널리 활용되고 있는 자료입니다. GPM으로부터 관측된 다양한 자료와 산출물은 https://gpm.nasa.gov/data-access/downloads/gpm에서 제공되고 있습니다. 본 장에서는 GPM DPR Precipitation Profile L2A 1.5 Hours 5 km V07 자료(10.5067/GPM/DPR/GPM/2A/07)를 사용했습니다.

이번 예제에서는 GPM/DPR로 관측된 강우강도 분포를 지도상에 표출하는 것을 수행합니다. 그림 1-2는 2018년 7월 9일 0909 UTC부터 1041 UTC까지 GPM/DPR을 이용하여 관측된 강우강도 분포입니다. A, B 사이에 2018년 8호 태풍 '마리아'가 관측되었고, 저위도 부근에 산발적인 약한 강우가 관측되었습니다. 붉은색 실선은 1-3절에서 표출할 태풍의 연직 레이더반사도 분포의 위치를 나타냅니다.

이번 절에서는 위와 같이 GPM/DPR을 이용하여 관측된 강우강도자료를 읽고 이를 지도상에 표출합니다. 또한 추가적으로 연직분포를 그리고자 하는 위치를 나타내는 그림 1-2의 붉은색 선을 그리는 실습을 수행할 것입니다. 자세한 순서는 아래와 같습니다.

---

1) HDF5 형식으로 저장된 GPM/DPR에서 강우강도 정보 읽기
2) 강수가 없는 지역(rain rate = 0mm/h)을 찾기
3) 강우강도자료를 지도상에 그리되, 강수가 없는 지역은 회색으로 그리기
4) 태풍 영역에서 연직분포를 그리기 위한 영역을 붉은색 선으로 그리기

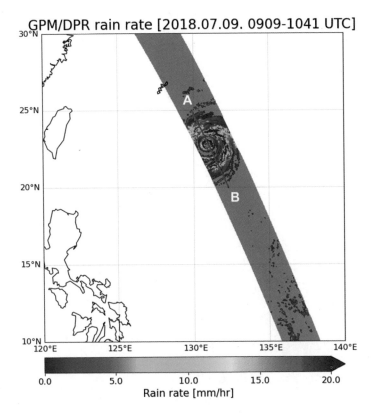

그림 1-2. GPM/DPR의 Ku-band 레이더 관측으로부터 산출된 지표부근 강우강도 분포
(2018.7.9. 0909-1041 UTC).

GPM/DPR으로부터 관측된 자료들은 HDF5 형식으로 저장되어 배포되고 있습니다. 따라서 이번 예제에는 HDF5 형식의 위성자료를 읽어 오고 다루는 과정이 포함되어 있습니다. 제일 먼저 코드 수행에 필요한 모듈을 불러옵니다.

```
#  사용되는 모듈 불러오기
import h5py                                   # HDF5 파일을 다루는 모듈
import numpy as np
import matplotlib.pyplot as plt
from mpl_toolkits.basemap import Basemap
```

읽어 오고자 하는 파일명을 입력해 준 후, HDF5 파일을 읽은 작업을 수행합니다. 본 예제에서는 Ku-Band(Full scan mode, FS)에서 산출된 강우강도자료를 읽고 다룰 것입니다. 헤더파일을 미리 확인하여 사용하고자 하는 변수의 위치를 입력해 준 후 아래의 코드를 수행하면 변수, 변수의 단위 및 위경도 자료를 얻을 수 있습니다.

```python
# 파일명
filename = '2A.GPM.DPR.V9-20211125.20180709-S090918-E104150.
024778.V07A.HDF5'

# HDF5 파일 읽기
with h5py.File(filename, 'r') as f:
    var  = '/FS/SLV/precipRateNearSurface'            # 변수(Near-
surface rain rate) 위치
    longitude  = '/FS/Longitude'                       # 경도
    latitude   = '/FS/Latitude'                        # 위도
    data = f[var][:]                                   # 변수 읽기
    unit = f[var].attrs['units'].decode('ascii')  # 변수의 단위
    lon  = f[longitude][:] # 경도자료 읽기
    lat  = f[latitude][:] # 위도자료 읽기
```

위 과정을 통해 확보한 강우강도 자료에서, 비강수 지역을 따로 분류하는 과정을 수행합니다. 이를 통해 비강수지역을 흰색이 아닌 특정색으로 일괄되게 표현하면 GPM/DPR이 지나간 영역을 그림에 나타낼 수 있습니다. 강수영역과 비강수영역은 np.where() 함수를 사용하며 강수영역과 비강수영역에 대한 배열의 위치정보를 각각 prp, nprp에 저장합니다.

```python
# 강수영역, 비강수영역 찾기
prp = np.where(data > 0)   # RR > 0
nprp = np.where(data == 0)  # RR = 0
```

강수분포를 그린 후, 다음 예제에서 다룰 태풍 내에서의 레이더 연직분포를 그릴 위치를 설정하고 이를 지도상에 표시하는 과정을 이어서 수행합니다. GPM/DPR은 위성의 진행 방향에 대해 좌우로 총 49개의 픽셀을 관측하기 때문에 한 자료의 배열 크기는 (7934, 49)입니다. 이 중 태풍의 눈을 지나는 왼쪽에서 15번째 픽셀들을 일괄적으로 선택하고 이들의 위경도 자료를 추출함으로써 레이더반사도 연직분포를 그리고자 하는 위치 정보를 얻습니다.

```
# 연직레이더 반사도를 그릴 위치 설정하기
tlon = lon[:,15]              # 49개 중에서 15번째 픽셀들(경도)
tlat = lat[:,15]              # 49개 중에서 15번째 픽셀들(위도)
track=np.where( (tlat>20) & (tlat<25) & (tlon>125) & (tlon<135)
)   # 태풍 영역이 포함된 위치
tlon=tlon[track]             # 태풍의 눈을 지나는 직선(경도 정보)
tlat=tlat[track]             # 태풍의 눈을 지나는 직선(위도 정보)
```

일련의 과정들을 통해 얻은 강우강도 및 위경도 정보, 연직레이더 반사도를 그릴 위치에 대한 정보를 지도상에 그려 주는 과정을 수행합니다. 지도 영역과 변수의 최솟값, 최댓값을 그림의 크기를 설정해 주고 사용할 컬러 테이블을 지정합니다.

```
st_lon = 120; ed_lon = 140; st_lat = 10; ed_lat = 30    # 지도
영역 설정
vmin = 0.                             # 강우강도 범위 최솟값 [mm/hr]
vmax = 20.                            # 강우강도 범위 최댓값 [mm/hr]
fig,ax =plt.subplots(figsize=(8,8))        # 그림 크기
ctable=plt.cm.jet                          # 컬러 테이블 지정
```

지도 설정은 앞선 과정에서 사용한 것과 같고 그림의 크기에 따라 등위도, 등경도 간격을 적절하게 조절할 수 있습니다.

```
# 지도 설정
m = Basemap(llcrnrlon=st_lon,llcrnrlat=st_lat,urcrnrlon=ed_
lon,urcrnrlat=ed_lat,
resolution='l',area_thresh=1000.,projection='cyl')  # 기본 지도
설정
m.drawcoastlines(color='black', linewidth=1)      # 해안선
m.drawcountries(color='black', linewidth=1)       # 국경선
dlon = dlat = 5                                   # 위경도 격자선의 간격
parallels  = np.arange(st_lat,ed_lat+dlat,dlat)    # 등위도 격자
배열 생성
# 등위도 격자선
m.drawparallels(parallels,labels=[1,0,0,0],linewidth=0.2,font
size=12)
meridians = np.arange(st_lon,ed_lon+dlon,dlon)  # 등경도 격자 배열
생성
# 등경도 격자선
m.drawmeridians(meridians,labels=[0,0,0,1],linewidth=0.2,font
size=12)
```

지도상에 강우강도자료를 표출할 때, 앞의 과정에서 강수영역 위치(prp) 및 비강수영역
위치(nprp)를 활용합니다. 각각의 위치에 대해 두 번 그리는데, 이때 비강수영역은 색을
회색으로 일관되게 표출함으로써 강수영역과 더불어 GPM/DPR이 관측한 영역을 나타
낼 수 있습니다.

```
# 지도상에 강우강도 자료 표출하기
m.scatter(lon[nprp], lat[nprp], c='grey', s=2, edgecolors=None)
# 비강수 영역 회색으로
m.scatter(lon[prp], lat[prp], c=data[prp], s=2, cmap=ctable,
edgecolors=None, linewidth=0, vmin=vmin, vmax=vmax) # 강수영역
컬러로 표출
```

컬러바에 대한 설정을 아래와 같이 수행합니다.

```
# 컬러바 설정
cb_thick = 5       # 컬러바 두께
level_cb = np.arange(vmin,vmax+cb_thick,cb_thick)         # 컬러바
간격 설정
cb = m.colorbar(location="bottom", pad='5%',
extend='max',cmap=ctable) # 컬러바 그리기
cb.set_label('Rain rate ['+unit+']',fontsize=15)# 컬러바 이름
cb.set_ticks(level_cb)                    # 컬러바 간격 적용
cb.set_ticklabels(level_cb)               # 컬러바 간격별 라벨 적용
cb.ax.tick_params(labelsize=13)           # 라벨 크기
```

위의 그림에 태풍을 관통하는 연직레이더 반사도를 그릴 위치를 붉은색 선으로 표시해 줍니다. 앞서 찾아 놓은 위경도 위치정보를 scatter를 이용하여 표출합니다.

```
# 지도상에 연직레이더 반사도 위치 붉은색 선으로 그리기
m.scatter(tlon,tlat, c='red', s=1.5, edgecolors=None) # 붉은색
선으로 표시
```

그림 제목을 plt.title()을 이용하여 그림상에 표출하고 여백을 없앤 후 저장해 주는 과정을 수행합니다.

```
# 그림상에 추가정보 표기 및 저장
plt.title('GPM/DPR rain rate [2018.07.09. 10:11
UTC]',fontsize=22)  # 그림 제목 표시
plt.tight_layout() # 여백 최소화
fig.savefig('DPR_RR_sample.png') # 그림 저장
plt.close()
```

1-3. GPM/DPR 레이더 반사도 연직분포

그림 1-3은 1-2절에서 표시한 태풍 마리아의 눈을 관통하는 붉은색 선을 따라 GPM/DPR에서 관측된 레이더 반사도 연직분포를 나타냅니다. x축은 A 지점으로부터 관측지점까지의 거리를 나타내며 y축은 고도, 색깔은 레이더 반사도의 강도를 나타냅니다. 약 250km~290km 지점에서 태풍의 눈이 있는 것을 확인할 수 있습니다.

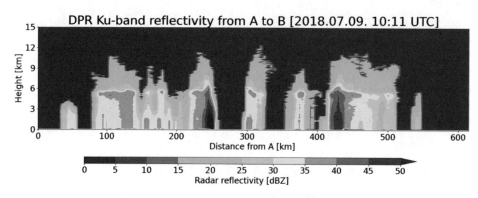

그림 1-3. 그림 1-2의 붉은색 선(A-B)에 따라
GPM/DPR의 Ku-band 레이더 관측으로부터 관측된 레이더반사도의 연직분포.

이번 예제를 통해 그림 1-3을 표출하는 실습을 수행할 것이며, 진행 순서는 아래와 같습니다.

1) HDF5 형식으로 저장된 GPM/DPR에서 레이더 반사도 연직분포 읽기
2) 1-2에서 표시한 붉은색 선상에 있는 레이더 반사도 연직분포정보 불러오기
3) 레이더 연직반사도 분포를 거리-고도 축 내에 그리기

사용되는 모듈은 1-2절 예제와 동일하기 때문에, 같은 모듈을 불러옵니다.

```
# 사용되는 모듈 불러오기
import h5py                              # HDF5 파일을 다루는 모듈
import numpy as np
import matplotlib.pyplot as plt
from mpl_toolkits.basemap import Basemap
```

읽어 온 파일에 대해서 1-2절과 다르게 이번에는 레이더 반사도 연직분포자료를 불러옵
니다. 레이더 반사도 연직분포는 HDF5 내에 '/FS/SLV/zFactorFinal' 위치에 저장되어 있
습니다.

```
# 파일명
filename = '2A.GPM.DPR.V9-20211125.20180709-
S090918-E104150.024778.V07A .HDF5'

# HDF5 파일 읽기
with h5py.File(filename, 'r') as f:
    var  = '/FS/SLV/zFactorFinal'  # 레이더 반사도 연직분포 위치
    longitude  = '/FS/Longitude'              # 경도
    latitude   = '/FS/Latitude'               # 위도
    data = f[var][:]                          # 변수 읽기
    unit = f[var].attrs['units'].decode('ascii') # 변수의 단위
    lon  = f[longitude][:]                    # 경도자료 읽기
    lat  = f[latitude][:]                     # 위도자료 읽기
```

레이더 반사도를 그릴 위치에 대한 정보를 1-2절에서 수행한 것과 같이 동일하게 추출
합니다.

```
# A부터 B까지의 위치정보
tlon = lon[:,15]           # 49개 중에서 15번째 픽셀들 (경도)
tlat = lat[:,15]           # 49개 중에서 15번째 픽셀들 (위도)
track=np.where( (tlat>20) & (tlat<25) & (tlon>125) & (tlon<135)
)   # 태풍이 포함된 위치
tlon=tlon[track]           # 태풍의 눈을 지나는 직선 (경도 정보)
tlat=tlat[track]           # 태풍의 눈을 지나는 직선 (위도 정보)
```

위 과정으로부터 얻은 위치정보가 저장된 "track" 변수를 활용하여 레이더 반사도 연직분포의 자료를 추출합니다. 레이더 반사도 연직분포 자료에서 반사도가 관측되지 않았을 경우 -9999로 나타나는데, 이들을 0으로 바꿔 주고, 2차원 배열로 변환시켜 줍니다. 이어서 이 배열을 contourf() 함수를 이용하여 나타내어 줍니다. 2차원 배열의 자료인 레이더 반사도를 x축과 y축에 등고선 형태로 표현하고자 할 때 x축의 크기가 M, y축의 크기가 N일 경우 등고선을 그리고자 하는 2차원 배열의 크기는 (N, M)이어야 등고선이 정상적으로 그려집니다(https://matplotlib.org/3.1.1/api/_as_gen/matplotlib.pyplot.contourf.html). 즉, 그리고자 하는 2차원 배열을 기존 (x, y) 형태에서 (y, x)의 형태로 변환시켜야 합니다.

```
# 레이더반사도 정보 추출
zprof = data[track,15,:,0]      # A-B상에 위치한 레이더반사도 연직분포
자료
fail= np.where(zprof < 0)       # 관측값이 없는 지역을 찾고 그 값을 0으로
바꾸기
zprof[fail] = 0
zprof=zprof[0,:,:]              # 3차원 배열을 2차원 배열로 바꾸기
zprof=zprof.T                   # 배열 변환 (x, y) → (y, x)
```

DPR의 1개 관측픽셀의 직경은 약 5km임을 고려하여 그리고자 하는 경로에 대한 x축을 아래와 같이 설정해 줍니다. DPR의 연직해상도는 125m이며 176개 층을 관측하기 때문에 이에 맞추어 y축을 설정해 줍니다.

```
# x축(거리), y축(고도) 설정
xaxis = np.arange(124)*5.    # x축 설정 (DPR 1개 픽셀의 직경 = 5km)
yaxis = 22 - np.arange(176)*0.125   # 125m~22km까지 125m 간격으로
176개 고도
```

그림을 그리기 위한 기본적인 설정을 해 줍니다. 관측자료의 범위와 그림의 크기를 설정해 주고, 사용될 컬러 테이블을 지정합니다.

```
vmin = 0.                      # 레이더반사도 범위 최솟값 [dBZ]
vmax = 50.                     # 레이더반사도 범위 최댓값 [dBZ]
fig,ax =plt.subplots(figsize=(16,6))   # 그림 크기
ctable=plt.cm.jet              # 컬러 테이블 지정
```

추출한 레이더반사도의 연직분포와 이에 맞추어 설정한 x축, y축 정보를 활용하여 등고선 형태로 자료를 표출합니다. 등고선의 간격 및 이를 이용한 등고선을 설정하고, 이 값들에 따라 색을 부여하는 형태로 그림을 표출합니다.

```
# 2) 등고선 형태로 그림 표출
res=0.1 # 등고선 간격(해상도)
level_f = np.arange(vmax/res+1)*res   # 등고선 정보
m = ax.contourf(xaxis, yaxis, zprof,levels = level_f,
extend='max')  # 등고선 그리기
m.set_cmap(ctable)  # 컬러 테이블 적용
```

이어서 그림의 부가적인 정보를 기입해 주는 과정을 수행합니다. 그림의 제목 및 폰트 크기를 설정해 주고, x축과 y축의 간격 및 폰트 크기를 설정합니다. 자료가 없는 15km 이상의 지역을 임의로 잘라 내기 위해 y축의 범위를 0~15km로 설정하고, x축의 이름과 y축의 이름을 기입해 줍니다.

```
# 그림 정보
plt.title('DPR Ku-band reflectivity from A to B [2018.07.09.
10:11 UTC]',fontsize=30) # 그림 제목
plt.xticks(fontsize=20)   # x축의 폰트 크기
plt.yticks(np.arange(6)*3, fontsize=20)# y축의 간격 및 폰트 크기
plt.ylim((0,15)) # y축 범위 설정
plt.xlabel('Distance from A [km]', fontsize=20)     # x축 정보 및
폰트 크기
plt.ylabel('Height [km]', fontsize=20) # y축 정보 및 폰트 크기
```

그림 1-3에 사용된 컬러 테이블에 대한 컬러바 정보를 추가합니다.

```
# 컬러바 설정
cb=plt.colorbar(m,orientation="horizontal",fraction=0.05,aspe
ct=50,pad=0.2)    # 컬러바 입력
cb.set_label('Radar reflectivity ['+unit+']',fontsize=20) # 컬
러바 이름
cb_thick = 5     # 컬러바 두께
level_cb = np.arange(vmin,vmax+cb_thick,cb_thick)    # 자료 간격
cb.set_ticks(np.int_(level_cb))       # 자료 간격 입력
cb.set_ticklabels(np.int_(level_cb)) # 자료 간격에 따른 값 입력
cb.ax.tick_params(labelsize=20)       # 자료 간격에 따른 값 입력
```

그림의 여백을 없앤 후 저장해 줍니다.

```
plt.tight_layout()B                        # 여백 최소화
fig.savefig('DPR_Zprofile_sample.png')     # 그림 저장
```

1-4. GPM/GMI

이번 예제에서는 GPM 위성에 탑재된 마이크로파 영상기인 GMI(GPM Microwave Imager)
의 자료를 다루고 표출하는 과정을 수행합니다. 본 장에서 사용되는 위성자료는 밝기온도
자료인 GPM GMI Brightness Temperatures L1B 1.5Hours 13km V07입니다.

그림 1-4는 GPM 위성의 GMI로부터 2023년 1월 1일 01시부터 04시까지 3시간 동안 관
측된 PCT89(Polarization-Corrected Brightness Temperature) 값을 나타냅니다. PCT89
값은 빙정에서의 산란으로 인해 낮은 밝기온도가 나타나기 때문에, 깊은 대류 구름 등
강수영역에서의 빙정 유무 및 그 정도를 파악할 수 있는 유용한 변수입니다. GPM 위성
자료는 약 1시간 30분 간격으로 제공되기 때문에 하루 동안 관측된 결과를 한 그림에 표
출하기 위해서는 약 16개의 위성 관측 자료를 이어 붙이는 과정이 필요합니다. 사용되
는 관측자료의 개수는 제한이 없도록 코드를 구성하였으며, 예시에서는 빠른 수행을 위
해 2개의 관측자료(약 3시간 관측 분량)를 활용합니다.

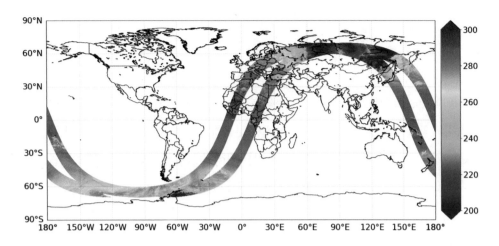

그림 1-4. GPM/GMI를 통해 2023년 1월 1일 01시~04시(3시간) 동안
전구영역에서 관측된 PCT89 밝기온도.

GPM/DPR과 동일하게, GMI 자료 또한 HDF5 형식으로 저장되어 배포되고 있습니다.
따라서 앞선 예제와 동일한 모듈들을 불러옵니다.

```
# Imported modules ========================
import h5py
import numpy as np
import matplotlib.pyplot as plt
from mpl_toolkits.basemap import Basemap
import os
# ==========================================
```

여러 자료를 읽어 오기 위해 반복문을 이용합니다. os.listdir() 함수를 통해 특정 폴더 내
에 있는 파일 리스트들을 불러오고, 이들의 파일명 앞에 폴더명을 붙여 줌으로써 각각
파일의 경로 및 파일명들을 하나의 배열로 저장합니다.

```
flist = os.listdir('./data/')
for gr in np.arange(np.size(flist)):
   filename = './data/'+flist[gr]
```

위에서 'filename' 변수에 저장된 파일 목록들을 이용하여, 반복문을 통해 필요한 정보를 각각의 파일에서 읽어 줍니다. 이 장에서 산출하고자 하는 값은 PCT89이기 때문에, 89GHz의 수평, 수직편광 밝기온도 값과 이를 그리기 위해 필요한 위도, 경도 값을 읽어 옵니다. 또한 자료에서 제공되는 자료의 단위도 읽어 올 수 있습니다.

```
# --------------------------------------------------
# 자료 읽기
# --------------------------------------------------

with h5py.File(filename, 'r') as f:
   var  = '/S1/Tb'                # 밝기온도 값의 자료 내 경로
   longitude  = '/S1/Longitude'   # 경도 값의 자료 내 경로
   latitude   = '/S1/Latitude'    # 위도 값의 자료 내 경로
   data = f[var][:]               # 자료 읽기
   unit = f[var].attrs['units'].decode('ascii') # 변수의 단위
읽기
   lon  = f[longitude][:]         # 경도 읽기
   lat  = f[latitude][:]          # 위도 읽기
   TB_89V=data[:,:,7]             # 89GHz 수직편광 밝기온도
   TB_89H=data[:,:,8]             # 89GHz 수평편광 밝기온도
```

GMI 파일 내의 '/S1/Tb' 위치에는 모든 채널들의 밝기온도가 저장되어 있는데, 이 중 89 GHz의 수직, 수평편광 밝기온도는 각각 8번째, 9번째 배열에 저장되어 있습니다. 이 때 파이썬의 배열 인덱스는 0부터 시작하는 것을 고려합니다. 위에서 읽어 들인 89GHz의 수평편광 밝기온도 및 수직편광 밝기온도를 이용하여 PCT89를 계산하는데, 본 예제에서는 Cecil and Chronis(2018)에서 사용된 관계식을 이용하였습니다.

위 과정을 통해 계산된 값들을 하루치에 대해 이어 붙이는 과정을 수행합니다. np.concatenate() 함수를 이용하면 여러 배열들을 이어 붙일 수 있습니다.

```
# Polarization-corrected Brightness temperature/coefficient
0.7(Cecil and Chronis, 2018)
    PCT89 = 1.7*TB_89V - 0.7*TB_89H
    if nf == 0: PCT89_1D = PCT89; lon_1d = lon; lat_1d = lat
# 첫 번째 파일에 대한 값 부여
    if nf != 0: # 두 번째 이상 파일일 경우 첫번째 파일 값에 이어 붙이는 작업
수행
    PCT89_1D=np.concatenate((PCT89_1D,PCT89),axis=0)
    lon_1d = np.concatenate((lon_1d, lon), axis=0)
    lat_1d = np.concatenate((lat_1d, lat), axis=0)
    nf=nf+1
```

위 과정들을 통해 얻은 PCT89 값을 전구영역에 그려 주는 과정을 수행합니다. 지도영역과 변수의 최솟값, 최댓값 및 그림의 크기를 설정해 주고 사용할 컬러 테이블을 지정합니다.

```
# 1) 도메인 설정
st_lon =-180; ed_lon = 180; st_lat = -90; ed_lat = 90
vmin = 200; vmax = 300 # [K], 자료 범위
fig,ax =plt.subplots(figsize=(16,8)) # 그림 크기
ctable=plt.cm.jet # 사용할 컬러 테이블
```

그림을 그리기 위한 지도를 설정해 줍니다. 앞서 설정한 위경도 범위를 적용해 주고, 해안선과 국경선을 표시하는 명령줄을 삽입하였습니다.

```
# 지도 설정
m = Basemap(resolution='l',area_thresh=1000.,llcrnrlon=st_
lon,urcrnrlon=ed_lon,llcrnrlat=st_lat,urcrnrlat=ed_
lat,projection='cyl',lon_0=0, lat_0=0.)
```

```
m.drawcoastlines(color='black', linewidth=1)      # 해안선
m.drawcountries(color='black', linewidth=1)       # 국경선
```

지도에 표시할 격자 및 위경도 값을 나타내는 글자의 크기를 설정해 줍니다. 본 실습에서는 30도 간격의 격자를 설정해 주었고, 글자 크기는 12로 하였습니다.

```
# Map grid
dlon = dlat = 30
parallels  = np.arange(st_lat,ed_lat+dlat,dlat)
m.drawparallels(parallels,labels=[1,0,0,0],linewidth=0.2,font
size=12)
meridians = np.arange(st_lon,ed_lon+dlon,dlon)
m.drawmeridians(meridians,labels=[0,0,0,1],linewidth=0.2,font
size=12)
```

위에서 설정한 지도 위에 앞서 처리한 PCT89의 하루치 자료를 그려 주는 과정을 수행합니다. m.scatter에서 m은 위의 지도 설정에서 첫 번째 명령줄(Basemap)을 의미합니다.

그림에 해당하는 컬러바를 설정해 주고, 불필요한 그림의 여백을 제거한 후, 그려진 그림을 GPM_PCT89_3hours.png 파일명으로 저장함으로써 그림 1-4가 완성됩니다.

```
# 그림 출력 및 저장
m.scatter(lon_1d, lat_1d, c=PCT89_1D, s=1, cmap=ctable,
vmin=vmin, vmax=vmax)
cb = m.colorbar(extend='both',pad=0.2,location='right',fracti
on=0.05,aspect=50)
cb.ax.tick_params(labelsize=20)
plt.tight_layout() # 그림 여백 제거
fig.savefig('GPM_PCT89_3hours.png') # 그림 저장
```

참고문헌

Cecil, D. J., & Chronis, T. (2018). Polarization-corrected temperatures for 10-, 19-, 37-, and 89-GHz passive microwave frequencies. *Journal of Applied Meteorology and Climatology, 57*(10), 2249-2265.

GPM Science Team (2022), GPM GMI Brightness Temperatures L1B 1.5 hours 13 km V07, Greenbelt, MD, USA, Goddard Earth Sciences Data and Information Services Center (GES DISC), 10.5067/GPM/GMI/GPM/1B/07.

Toshio Iguchi, Robert Meneghini (2021), GPM DPR Precipitation Profile L2A 1.5 hours 5 km V07, Greenbelt, MD, Goddard Earth Sciences Data and Information Services Center (GES DISC), 10.5067/GPM/DPR/GPM/2A/07.

2. 위성관측: 해빙

시호연(drive.hoyeon@gmail.com)

2-1. GCOM-W AMSR-2 자료 읽기, 표출하기

북극해를 덮고 있는 해빙은 대기-해양 상호작용에 깊게 관여하여 중위도 기상과 기후에 많은 영향을 주는 것으로 알려져 있습니다. 그러나 북극해는 사람이 직접 가서 관측하기 어려운 환경이기에 인공위성을 통한 원격탐사가 중요한 역할을 하고 있습니다. 대표적인 해빙자료로 Japan Aerospace Exploration Agency(JAXA)의 GCOM-W 위성의 AMSR2 센서 관측 밝기온도와 해빙점유율자료가 있습니다. 여기서 활용할 자료는 level 3 daily gridded 자료이며, grid 형식은 Polar stereographic grid입니다. 자료는 JAXA의 ftp 서버(ftp.gportal.jaxa.jp)에서 다운로드할 수 있습니다. 해상도는 25km와 10km 두 가지가 있으며, 여기서는 25km 해상도 편광밝기온도와 해빙점유율자료를 읽고 표출해 보겠습니다. 다음과 같은 순서로 진행합니다.

---

1) 25km polar stereographic grid 위경도 netCDF 파일 읽기
2) hdf5 형식의 6.9GHz 밝기온도, 해빙점유율 파일 읽기
3) 지도 위에 plot하는 함수 작성과 자료 표출

우선 grid의 위/경도 정보를 읽어 보겠습니다. 25km Polar stereographic grid 위경도 정보는 National Snow and Ice Data Center(NSIDC) 웹사이트(https://doi.org/10.5067/N6INPBT8Y104)에서 다운로드할 수 있습니다(회원가입 필요).

```
import numpy as np
import netCDF4

# 본인의 directory로 변경하세요
```

```
lonlatfile = './NSIDC0771_LatLon_PS_N25km_v1.0.nc'
lonlatdata = netCDF4.Dataset(lonlatfile)
lons = np.array(lonlatdata['longitude'])
lats = np.array(lonlatdata['latitude'])
# Array shape, min, max 확인
print(lons.shape, np.min(lons), np.max(lons))
print(lats.shape, np.min(lats), np.max(lats))
```

```
(448, 304) -180.0 179.81397539549246
(448, 304) 31.102671752463447 89.83681599961737
```

다음으로 6.9GHz 밝기온도자료를 읽어 보겠습니다. 자료의 파일형식은 hdf5이며 확장자는 '.h5'입니다. hdf5파일을 읽기 위해서는 h5py module을 사용합니다. 밝기온도는 수직편광 밝기온도(TBV)와 수평편광 밝기온도(TBH)가 있습니다. 예시로 2023년 1월 1일 자료를 읽어 보겠습니다. grid 자료를 읽을 때와 마찬가지로 함수를 정의해 두면 편리합니다.

```
import h5py

# AMSR 밝기온도자료 읽어 오는 함수 정의
def readTB(filename):

    Param_H = 'Brightness Temperature (H)'
    Param_V = 'Brightness Temperature (V)'
    fTB = h5py.File(filename, 'r')

    # 수평/수직 편광 밝기온도 불러오고 scaling
    TBH = np.array(fTB[Param_H])*0.01
    TBV = np.array(fTB[Param_V])*0.01

    # missing value 처리
    TBH[np.where(TBH == 655.34)] = np.nan
    TBV[np.where(TBV == 655.34)] = np.nan
```

```
    return(TBH, TBV)

# 파일 명을 설정하고, 정의한 함수로 밝기온도자료 읽어 오기
# AMSR2 자료 다운로드
#(ftp.gportal.jaxa.jp/standard/GCOM-W/GCOM-W.AMSR)
# 본인의 directory로 변경하세요
fileTB='GW1AM2_20230101_01D_PNMA_L3SGT06LA2220220.h5'
TBH, TBV = readTB(fileTB)

# Array shape, min, max 확인
print(TBH.shape, np.nanmax(TBH), np.nanmin(TBH))
print(TBV.shape, np.nanmax(TBV), np.nanmin(TBV))
```

```
(448, 304) 370.17 74.28
(448, 304) 368.95 111.17
```

NOTE

hdf5 파일의 구조 살펴보기

위의 코드에서 변수를 읽어 올 때 Param_H = 'Brightness Temperature (H)'와 같이 key가 필요한 것을 알 수 있습니다. Key는 읽어 온 fTB를 list(fTB)로 출력해 보면 알 수 있습니다. hdf 파일 구조에 대한 지식은 http://docs.h5py.org/en/stable/에서 찾을 수 있습니다.

마지막으로 해빙점유율을 읽어 보겠습니다. 해빙점유율은 하나의 격자에서 얼마만큼의 면적이 해빙으로 덮여 있는지를 나타내는 지표로 단위는 %입니다.

```
def readSIC(filename):

    fSIC = h5py.File(filename, 'r')
    SIC = np.array(fSIC['Geophysical Data'])*0.1
    # 시간 축 제거 (x, y, t) -> (x, y)
    SIC = SIC[:,:,0]
    SIC[np.where(SIC <0)] =np.nan
    return(SIC)
```

```
# 본인의 directory로 변경하세요
fileSIC='GW1AM2_20230101_01D_PNMA_L3SGSICLC3300300.h5'
SIC = readSIC(fileSIC)
print(SIC.shape, np.nanmax(SIC), np.nanmin(SIC))
```

```
(448, 304) 100.0 0.0
```

이제, 읽어 들인 자료를 지도 위에 plot해 보겠습니다. 제시된 코드와 같이 그림 그리는

함수를 정의해 두면 여러 자료를 쉽게 시각화할 수 있습니다. 이 예제에서는 데이터와

위/경도자료, 최소값, 최대값, 그림 제목, 컬러바 제목을 넣어 주면 그림을 그려 주도록

하였습니다. 시각화를 위해 cartopy 모듈을 활용합니다.

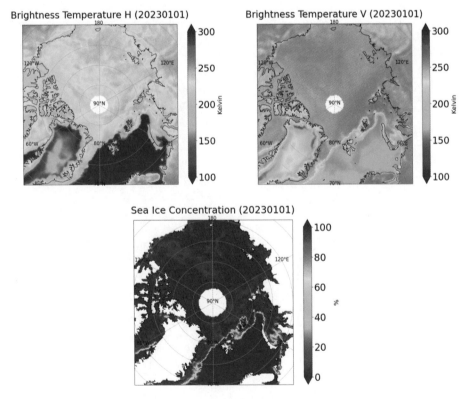

그림 2-1. 2023년 1월 1일 AMSR2 L3 25km 해상도.
북극지역 수평편광 밝기온도와 수직편광 밝기온도, 해빙점유율.

```python
import matplotlib.pyplot as plt
import cartopy.crs as ccrs
import matplotlib.ticker as mticker


def PolarStereoMap(data, lon, lat,
                   min_value, max_value, title, unit):
# 그림 중심 경도, 표출할 최소/최대 위도 값 설정
    cenLon = 0
    minLat = 70
    maxLat = 90

    # Map setting
    fig = plt.figure(figsize=(10,8))
    ax = plt.axes(projection=ccrs.NorthPolarStereo())
    ax.set_extent([-180,180,minLat,maxLat],
                  ccrs.PlateCarree())

    # 위경도선 그리기
    gl = ax.gridlines()
    gl.xlocater = mticker.FixedLocator([cenLon-180,
                                        cenLon-90,
                                        cenLon,
                                        cenLon+90,
                                        cenLon+180])
    ax.coastlines(resolution='50m')

    # 데이터 plot
    image=ax.scatter(lon, lat, c=data, s=10,
                     vmin=min_value, vmax = max_value,
                     cmap = 'jet',
                     transform = ccrs.PlateCarree())

    # 제목 설정
    plt.title(title, fontsize=30, pad=20)

    # Color bar 설정
    cbar=plt.colorbar(image, orientation = 'vertical',
```

```
                    extend='both')
cbar.set_label(unit, fontsize=20)
cbar.ax.tick_params(labelsize=30)
# 위경도 레이블 설정
latlabels=[]
lons_latlabel = [0] * 3
lats_latlabel = np.arange(3, dtype=np.int32)*10 \
               + minLat

for templat in lats_latlabel:
    latlabels.append(str(templat) + '°N')

for label, xpt, ypt in zip(latlabels,
                           lons_latlabel,
                           lats_latlabel):
    plt.text(xpt, ypt, label, ha = 'center',
            fontsize=15,
            transform = ccrs.PlateCarree())

lonlabels = []
lons_lonlabel = np.array([60,120,180,-120,-60])
lats_lonlabel = [minLat]*5

for templon in lons_lonlabel:
    if templon > 0 and templon < 180:
        lonlabels.append(str(templon) + '°E')
    if templon == 180:
        lonlabels.append(str(templon))
    if templon < 0:
        lonlabels.append(str(-templon) + '°W')

for label, xpt, ypt in zip(lonlabels,
                           lons_lonlabel,
                           lats_lonlabel):
    plt.text(xpt, ypt, label, ha = 'center',
            fontsize=15,
            transform = ccrs.PlateCarree())
```

```
    #자료 표출
    plt.tight_layout()
    plt.show(fig)

# TBH, TBV, SIC 자료 plot
PolarStereoMap(TBH, lons, lats, 100, 300,
               'Brightness Temperature H (20230101)',
               'Kelvin')
PolarStereoMap(TBV, lons, lats, 100, 300,
               'Brightness Temperature V (20230101)',
               'Kelvin')
PolarStereoMap(SIC, lons, lats, 0, 100,
               'Sea Ice Concentration (20230101)',
               '%')
```

형식		
PolarStereoMap([data], [lons], [lats], [min], [max], [title], [unit])		
매개변수	**설정하는 특성**	**옵션**
[data]	지도 위에 plot하고자 하는 데이터	데이터를 담고 있는 array
[lons]	경도 좌표	[data0]와 같은 크기의 array
[lats]	위도 좌표	[data0]와 같은 크기의 array
[min]	Plot할 최소값	SIC의 경우 0
[max]	Plot할 최대값	SIC의 경우 100
[title]	그림 제목	string
[unit]	컬러바 옆 표출 단위	string

표 2-1. PolarStereoMap이라는 함수명으로 정의한 지도 위에 data 표출 함수에 대한 정리.

코드 실행 후 그림 2-1과 같이 읽은 자료가 지도상에 잘 표출되었음을 확인할 수 있습니다. 추가적으로 읽어 온 해빙점유율 자료를 사용하여 SIE 시계열을 그릴 수 있습니다. SIE는 해빙점유율이 15% 이상인 격자들의 면적입니다. 즉, 북극해에 해빙이 얼마만큼 존재하고 있는지 나타내는 지표입니다. SIE를 계산하기 위해서는 읽어 들인 해빙점유율 자료에서 해빙점유율이 15%인 격자들을 찾아내는 작업이 필요합니다. np.where() 함수를 사용하여 쉽게 찾을 수 있습니다. 2022년 3월부터 2023년 2월까지의 월평균 SIC 자료를 사용하여 1년의 기간 동안 SIE가 어떻게 변화하는지 시계열 그래프를 그려 보겠습니다. 위도별로 격자들의 면적이 달라지지만, 계산의 편의성을 위해 여기서는 기준을 만족하는 격자의 수를 SIE라고 칭하겠습니다.

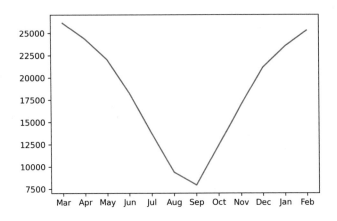

그림 2-2. 2022년 3월부터 2023년 2월 SIE(=픽셀 수) 시계열 그래프.

```
import glob

# 본인 directory에 맞게 변경하세요 (01M은 월평균 자료를 지칭)
file_list_SIC = glob.glob('*_01M_*')


SIE_series = []
for i in range(len(file_list_SIC)):
    SIC = readSIC(file_list_SIC[i])
    spotSICgt15 = np.where(SIC >= 15)
    SIE = len(spotSICgt15[0])
    SIE_series.append(SIE)

plt.plot(['Mar', 'Apr', 'May', 'Jun', 'Jul', 'Aug',
          'Sep', 'Oct', 'Nov', 'Dec', 'Jan', 'Feb'],
```

```
        SIE_series)

plt.show()
```

형식
spot = np.where(([option1]) & ([option2]))   spot = np.where(([option1]) | ([option3]))

매개변수	설정하는 특성	옵션
[option1]...	검색 조건	&의 경우 and 조건 | (shift + ₩)의 경우 or 조건

표 2-2. 조건에 일치하는 해당하는 array index를 찾는 np.where() 함수 정리.

그림 2-2에서 보이듯 분석 기간동안 북극 해빙의 면적은 9월에 최소, 3월에 최대임을 확인할 수 있습니다. 이는 일반적인 해빙의 면적의 연변화 양상입니다.

2-2. 위성관측 밝기온도로부터 해빙방출률 산출하기

6.9GHz 수평/수직 밝기온도를 사용하여 해빙방출률을 산출하는 방법이 Lee and Sohn (2015; https://doi.org/10.1002/2014JD022481)에 의해 연구되었습니다. 이번 예제에서는 선행연구의 방법을 따라 해빙방출률을 계산해 볼 것이며, 다음과 같은 순서로 진행합니다.

---
1) 이론 설명
2) 수평/수직 밝기온도를 사용한 해빙방출률 계산 함수 작성
3) 작성한 함수를 위성관측자료에 적용
4) 결과 표출

우선, 이론적 배경입니다. 수직편광방출률(EV)과 수평편광방출률(EH)의 비가 수직편광밝기온도(TBV)와 수평편광밝기온도(TBH)의 비와 같다는 원리를 바탕으로 EH를 산

출할 수 있습니다. 방출률은 키르히호프법칙에 따라 1 - 반사도(R)라고 쓸 수 있으며 수직편광반사도(RV)는 combined Fresnel equation을 통하여 수평편광반사도(RH)의 함수로 주어집니다. 따라서 해빙방출률 산출과정은 아래 그림에서 Rh의 함수로 주어진 TBH/TBV(푸른색 선)와 관측된 밝기온도 비율 TBH/TBV(검정 점선) 값이 만나는 위치의 RH 값을 구하는 것과 같은 문제가 됩니다. 예제를 위해 위성에서 관측된 밝기온도비가 0.5라고 두었습니다.

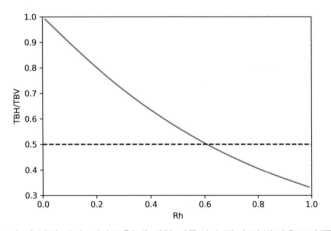

그림 2-3. 수평 편광 반사도(가로축)에 대한 이론적 수평-수직 밝기온도비(푸른색 선)와 가상의 관측 밝기온도비(검정 점선, TBH/TBV=0.5).

```python
def CombFresEq(Rh, theta): # Combined Fresnel equation

    cos = np.cos(2. * np.deg2rad(theta))

    Rv = (Rh**2.) * \
         ((1.+cos/np.sqrt(Rh)) / \
         (1. + cos * np.sqrt(Rh)))**2.

    return(Rv)

Rh = np.arange(0,1.01, 0.01)
```

```
ratio = (1.-Rh)/(1.-CombFresEq(Rh, 55.))
ratio_sample = 0.5

plt.plot(Rh, ratio)
plt.plot([0,1], [ratio_sample]*2, 'k--')
plt.xlim(0,1)
plt.ylim(0.3,1)
plt.xlabel('Rh')
plt.ylabel('TBH/TBV')
plt.show()
```

형식		
CombFresEq([Rh], [theta])		
매개변수	설정하는 특성	옵션
[Rh]	수평편광 반사도	0~1 사이의 값
[theta]	위성관측 각도	AMSR2의 경우 55도

표 2-3. Combined Fresnel equation에 대한 정리.

그림 2-3에서 이론적 관계를 나타내는 파란 실선이 단조 감소 함수란 것을 알 수 있으므로, 우리는 binary search 알고리즘을 활용하여 Rh 값을 찾을 수 있습니다. 구체적으로, Rh 값은 0에서 1 사이의 구간에서 존재 가능하므로 처음에는 구간의 평균값인 0.5라고 해를 추정한 뒤 밝기온도비와의 오차의 부호를 확인한 후, 정답이 가능한 구간을 업데이트합니다. 이를 계속 반복하면 정답 구간이 점점 줄게 되고, 어느 정도 수준의 오차보다 작아지게 되면 붉은 점선과 같이 교점의 위치를 찾을 수 있습니다(그림 2-4).

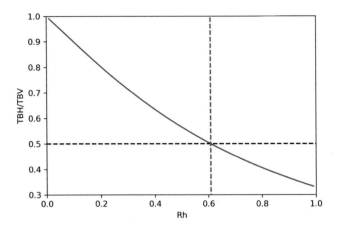

그림 2-4. 검색된 수평편광 반사도의 시각화(붉은 점선).

```
def solver(c, theta):
    Rh_now = 0.5
    Rh_0 = 0.0001
    Rh_1 = 0.9999
    while True:
        c_now = (1.-Rh_now) \
                / (1.-CombFresEq(Rh_now, theta))
        if abs(c_now-c)<0.0001:
            return(Rh_now)
            break
        else :
            if c_now-c > 0.:
                Rh_0 = Rh_now
                Rh_1 = Rh_1
                Rh_now = (Rh_now+Rh_1)/2.
            else :
                Rh_0 = Rh_0
                Rh_1 = Rh_now
                Rh_now = (Rh_now+Rh_0)/2.
    return(Rh_now)

Rh_solution = solver(ratio_sample, 55)
plt.plot(Rh, ratio)
```

```
plt.plot([0,1], [ratio_sample]*2, 'k--')
plt.plot([Rh_solution]*2, [0,1], 'r--')
plt.xlim(0,1)
plt.ylim(0.3,1)
plt.xlabel('Rh')
plt.ylabel('TBH/TBV')
plt.show()
```

형식		
Rh_solution = solver([c], [theta])		
매개변수	**설정하는 특성**	**옵션**
[c]	TBH/TBV	AMSR2관측 TBH/TBV
[theta]	위성관측 각도	AMSR2의 경우 55도

표 2-4. 수평-수직 편광 밝기온도비로부터 수평편광 반사도를 계산하는 solver 정리.

이렇게 산출한 Rh 값을 1에서 빼면 수평편광 방출률 Eh를 계산할 수 있습니다(그림2-5). 앞서 만든 solver를 위성관측자료에 적용하여 해빙의 수평편광 방출률을 계산해 보겠습니다. 밝기온도자료는 2-1절에서 읽어 온 자료를 사용하며, 우리가 해야 할 것은 모든 격자에 대해 반복적으로 solver를 적용하고 그 결과를 저장하는 것입니다. 우리의 관심사는 해빙의 방출률이므로 해빙점유율 95% 이상인 영역에 대해서만 계산을 수행하여 시간을 절약할 수 있습니다.

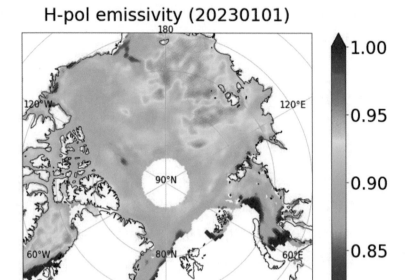

H-pol emissivity (20230101)

그림 2-5. 계산된 2023년 1월 1일의 수평편광 방출률.

```
ratios = TBH/TBV

RH = np.zeros((448,304)) * np.nan
for i in range(448):
    for j in range(304):
        ratio = ratios[i,j]
        if (np.isfinite(ratio)) & (SIC[i,j] >= 95):
            RH[i,j] = solver(ratio, 55)

RV = CombFresEq(RH, 55.)
EV = 1. - RV
EH = 1. - RH

Ts = TBH/EH

PolarStereoMap(EH, lons, lats, 0.8, 1,
'H-pol emissivity (20230101)', '')
```

그림으로 표출은 하지 않았지만 코드에서 EV, Ts 등의 변수들을 계산하였는데 각각 수직 편광 방출률과 해빙 표면온도입니다.

2-3. ICESat-2 위성 트랙자료를 격자자료로 변환하기

ICESat-2는 인공위성고도계로 LiDAR센서를 탑재하고 있으며 지표에서 반사된 레이저 신호가 돌아오는 시간을 측정하여 해수면으로부터 눈표면까지의 거리인 total free-board를 관측합니다. 자료는 National Snow and Ice Data Center(NSIDC) 웹사이트(https://doi.org/10.5067/ATLAS/ATL10.005)에서 다운로드할 수 있으며(회원가입필요), 파일 형식은 hdf5이고 단위는 m입니다.

위성 관측 track 자료는 매번 관측 위치가 달라지기 때문에 다른 자료들과 비교하기 위해서는 track 자료를 격자자료로 변환하는 것이 좋습니다. 격자자료로 변환하기 위해서는 위성관측 위치에 가장 가까운 격자를 찾아 그 격자에 관측치를 할당한 후, 각 격자에 할당된 관측치를 평균하면 됩니다. 이번 예제에서는 ICESat-2 관측자료를 앞서 사용했던 25km polar stereographic grid로 변환해 볼 것이며, 다음의 순서로 진행합니다.

---

1) ICESat-2 freeboard 자료 읽고 표출하기
2) 25km polar stereographic grid에서 track 자료의 위경도와 가장 가까운 위치 찾기
3) track 자료를 grid 자료로 변환
4) 결과 표출

우선 관측 파일을 읽고 표출해 보겠습니다(그림2-6).

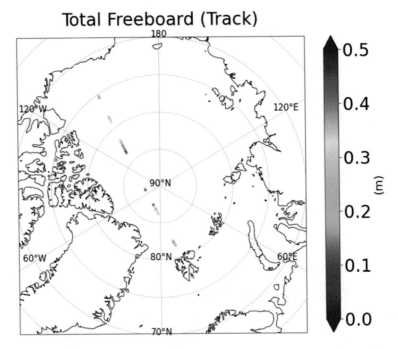

Total Freeboard (Track)

그림 2-6. 2022년 1월 1일 ICESat-2 관측 total freeboard 네 번째 track 자료.

```python
def readIS2(fileIS2):
    f = h5py.File(fileIS2, 'r')
    gt1l = f['gt1l/freeboard_beam_segment']
    htf1l = np.array(gt1l['beam_fb_height'])
    htf1l[np.where(htf1l > 100)] = np.nan
    lon1l = np.array(gt1l['longitude'])
    lat1l = np.array(gt1l['latitude'])
    return(lon1l, lat1l, htf1l)

# 본인의 directory로 변경하세요
filename_IS2 = 'ATL10-01_20220101051533_01521401_005_01.h5'
lons_sat, lats_sat, htfs_sat = readIS2(filename_IS2)

PolarStereoMap(htfs_sat, lons_sat, lats_sat, 0, 0.5,
'Total Freeboard (Track)', '(m)')
```

이제, 25km grid 중 관측자료의 위경도와 가장 가까운 위치를 찾고, 자료를 변환해 보겠습니다. 거리계산의 경우, 저위도나 중위도에서는 위/경도 공간상 거리(예: 위도차 제곱과 경도차 제곱 합의 제곱근)가 실제 거리와 상관성이 높아 위/경도 공간상 거리를 실제 거리 대신 사용해도 무방합니다. 그러나 고위도에서는 경도선 사이의 거리가 위도선 사이의 거리보다 매우 짧기 때문에 각도 차만을 고려하는 방식은 실제 거리가 가장 가까운 격자점 대신 경도차가 가장 작은 격자점을 찾는 경우가 발생합니다. 따라서 북극 지역에서는 구면상 두 점의 거리를 계산을 위해 구면 삼각법으로 유도되는 haversine 공식을 사용하는 편이 좋습니다. haversine 공식을 사용하기 위해서는 두 점의 위경도와 지구 반지름이 필요합니다. 공식은 코드 내에 있습니다.

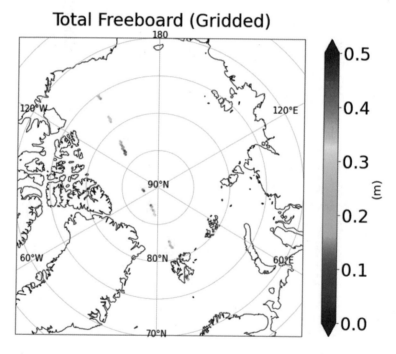

그림 2-7. 2022년 1월 1일 ICESat-2 관측 total freeboard 네 번째 track 자료를 25km polar stereographic grid로 변환한 결과.

```python
# 25km psn gird 불러오기(본인의 directory로 변경하세요)
lonlatfile = './NSIDC0771_LatLon_PS_N25km_v1.0.nc'
lonlatdata = netCDF4.Dataset(lonlatfile)
lons_grid = np.array(lonlatdata['longitude'])
lats_grid = np.array(lonlatdata['latitude'])

# 모든 각도의 단위를 도에서 radian으로 변환
lons_sat_rad = np.radians(lons_sat)
lats_sat_rad = np.radians(lats_sat)
lons_grid_rad = np.radians(lons_grid)
lats_grid_rad = np.radians(lats_grid)

Re = 6371.228 # 지구의 반지름

total = np.zeros((448,304))  # 자료 할당을 위한 array
count = np.zeros((448,304))  # 할당된 자료 수 count

for i in range(len(htfs_sat)):
    htf0 = htfs_sat[i]
    if np.isfinite(htf0) == 0:
        continue

    lon0_rad = lons_sat_rad[i]
    lat0_rad = lats_sat_rad[i]

    havs_lat = np.sin((lats_grid_rad \
                    - lat0_rad)/2.)**2.
    havs_lon = np.sin((lons_grid_rad \
                    - lon0_rad)/2.)**2.

# Haversine 공식으로 거리 계산
    dist_array = 2.*Re*np.arcsin(np.sqrt(havs_lat + \
            np.cos(lats_grid_rad)*np.cos(lat0_rad) * \
            havs_lon))

    spot = np.where(dist_array==np.nanmin(dist_array))
    x0 = spot[0][0]
    y0 = spot[1][0]
```

```
    dist0 = dist_array[spot]

    if dist0 > np.sqrt(12.5*12.5+12.5*12.5):
        continue
    total[spot] = total[spot] + htf0
    count[spot] = count[spot] + 1.

htfs_grid = total/count

PolarStereoMap(htfs_grid, lons_grid, lats_grid,
            0, 0.5,
            'Total Freeboard (Gridded)', '(m)')
```

코드 실행 후 그림 2-7에서의 결과와 같이, 그림 2-6의 자료가 격자화된 것을 확인할 수 있습니다.

참고 문헌

Stewart, J. S., W. N. Meier, and D. J. Scott. (2022). Polar Stereographic Ancillary Grid Information, Version 1 [Data Set]. Boulder, Colorado USA. National Snow and Ice Data Center. https://doi.org/10.5067/N6INPBT8Y104. Date Accessed 03-09-2023.

Kwok, R., A. A. Petty, G. Cunningham, T. Markus, D. Hancock, A. Ivanoff, J. Wimert, M. Bagnardi, N. Kurtz, and the ICESat-2 Science Team. (2021). ATLAS/ICESat-2 L3A Sea Ice Freeboard, Version 5 [Data Set]. Boulder, Colorado USA. National Snow and Ice Data Center. https://doi.org/10.5067/ATLAS/ATL10.005. Date Accessed 03-09-2023.

Lee, S.-M., and B.-J. Sohn (2015). Retrieving the refractive index, emissivity, and surface temperature of polar sea ice from 6.9 GHz microwave measurements: A theoretical development, J. Geophys. Res. Atmos., 120, 2293-2305, doi:10.1002/2014JD022481.

3. 기후모델 자료 처리

심성보(sbshim82@korea.kr)

이번 챕터에서는 기후모델 자료 분석을 위한 IRIS 라이브러리의 사용법에 대해 알아봅니다. IRIS는 영국 기상청에서 개발하고 수많은 파이썬 유저들이 사용하고 있습니다. 기후모델 분석을 위한 다양한 형태의 자료 형식(NetCDF, GRIP, PP)의 읽기/쓰기 기능을 제공하고 있으며, 기본적인 데이터처리/통계/통합그래픽 패키지 옵션을 제공함으로써 대기과학 분야에서 폭 넓게 활용되고 있습니다. 아래의 예제에 사용된 라이브러리 버전은 Python 3.7.4, IRIS 2.3.0버전을 이용하였습니다. 또한 편집기가 아닌 ipython notebook을 이용하여 interactive로 명령을 실행하였습니다.

3-1. IRIS 설치 및 기본 기능

3-1-1. 라이브러리 설치

Conda 패키지를 이용해서 파이썬을 설치하였다면, 명령 프롬프트에서 아래와 같이 설치를 진행합니다.

```
〈프롬프트〉 conda install -c conda-forge statsmodels
〈프롬프트〉 conda install -c conda-forge iris
〈프롬프트〉 conda install -c conda-forge nc-time-axis
〈프롬프트〉 pip install wget
```

필요한 라이브러리들이 모두 설치되었다면 준비가 끝났습니다.

3-1-2. 기후모델 자료 다운로드

기후모델 분석 스크립트의 예제를 실행시키기 위하여 아래 링크의 사이트를 통해 국립 기상과학원에서 산출한 기후변화 시나리오 자료를 다운받아 봅시다.

기후변화 시나리오 다운로드 사이트: https://esgf-node.llnl.gov/search/cmip6/

```
import wget
url = "http://esgf-nimscmip6.apcc21.org/\
thredds/fileServer/my_cmip6_dataroot/Historical/\
R1/Amon/CMIP6/CMIP/NIMS-KMA/KACE-1-0-G/\
historical/r1i1p1f1/Amon/tas/gr/v20191028/\
tas_Amon_KACE-1-0-G_historical_r1i1p1f1_gr_185001-\
201412.nc"
wget.download(url)
```

```
100% [............................]    111560993 / 111560993
```

위의 명령을 수행한 경로에 모델 자료가 다운받아졌습니다.

3-1-3. IRIS 라이브러리 불러오기

앞서 설치한 IRIS와 분석에 필요한 다른 라이브러리들을 읽어 옵니다. 첫 줄에 입력된 matplotlib inline은 ipython notebook 기능으로 수행한 그림이 문서에 바로 표시하게 하는 기능입니다.

```
# %matplotlib inline은 IPython이나 Python-notebook에서
# 라인에 그림을 바로 그리기 위한 명령어이므로
# 터미널 작업 시에는 이 명령어 대신
```

```
# 마지막에 plt.show()로 그림을
# 출력해야함

%matplotlib inline
import iris
import iris.quickplot as qplt
import iris.plot as iplt
import iris.coord_categorisation
import matplotlib.pyplot as plt
import cartopy.crs as ccrs
import cartopy.feature as cfeature
from cartopy.mpl.ticker import LongitudeFormatter,\
LatitudeFormatter
from cartopy.mpl.gridliner import \
LONGITUDE_FORMATTER,\
LATITUDE_FORMATTER
import numpy as np
import numpy.ma as ma
import time
import statsmodels.api as sm
import matplotlib.ticker as mticker
```

3-1-4. 큐브 자료 저장 및 읽기

IRIS는 자료에 대해 "큐브"의 격자 형태로 저장합니다. 매우 직관적인 방법으로 아래와
같이 간단하게 자료를 읽고 출력할 수 있습니다.

```
cubes = iris.load('tas_Amon_KACE-1-0-G\
_historical_r1i1p1f1_gr_185001-201412.nc')
print(cubes)          # 큐브에 저장된 자료의 정보 출력
```

```
0: air_temperature / (K)          (time: 1980; latitude:
144; longitude: 192)
```

0번째 큐브 리스트에 기온의 3차원 (시간/위도/경도)의 자료가 저장되어 있는 것을 확인했습니다. 큐브에 담긴 정보를 상세하게 보고 싶으면, 0번째 큐브의 자료를 읽어 와서 프린트 명령을 수행하면 기온 자료에 대한 구체적인 격자와 메타 정보를 읽을 수 있습니다.

형식		
cube = iris.load([options1], constraints=[options2])		
매개변수	**설정하는 특성**	**옵션**
[option1]	파일명	하나의 파일 또는 여러 파일 경로
[option2]	변수, 연도, 격자	None 또는 미지정 시 모든 파일을 리스트로 반환

표 3-1. 파일 읽어 와서 큐브 리스트로 저장하는 함수.

```
# 0번째 큐브 리스트를 cube 변수에 저장
cube = cubes[0]
print(cube)
```

```
air_temperature / (K)                    (time: 1980; latitude:
144; longitude: 192)
    Dimension coordinates:
        time                 x              -               -
        latitude             -              x               -
        longitude            -              -               x
    Scalar coordinates:
        height: 2.0 m
    Attributes:
        institution_id: NIMS-KMA
        parent_source_id: KACE-1-0-G
    (중략)
```

해당 큐브의 변수 명은 air temperature이며 단위는 K, 3차원 격자(시간 1980, 위도 144, 경도 192)로 이뤄져 있습니다. 격자 명은 time, latitude, longitude입니다. 또한 attributes를 통해 이 자료가 기상청 국립기상과학원에서 KACE 모델을 통해 산출된 자료임을 알 수 있습니다.

위의 프린트 명령을 이용하면 상세하게 모든 정보를 확인할 수 있으나, 출력 값이 너무 길기 때문에 아래와 같이 저장한 큐브의 간략한 정보를 확인할 수 있는 명령이 있습니다.

```
print(cube.shape)              # 큐브의 배열 모양
print(cube.ndim)               # 큐브의 배열 개수
print(cube.var_name)           # 큐브의 변수 이름
print(cube.units)              # 큐브의 자료 단위
print(cube.summary(True))      # 큐브의 배열 정보 출력
```

```
(1980, 144, 192)
3
air_temperature
K
air_temperature / (K)          (time: 1980;  latitude: 144;
longitude: 192)
```

위의 명령을 통해 큐브의 격자 이름을 알게 되었으니, 각 격자(coordinate)에 대한 상세 정보를 확인해 봅시다.

```
# cube의 첫 번째 시간에 대한 'time' 격자 정보 확인
print(cube[0,:,:].coord('time'))
```

```
DimCoord([1850-01-16 00:00:00], bounds=[[1850-01-01 00:00:00,
1850-02-01 00:00:00]], standard_name='time', calendar='360_
day', long_name='time', var_name='time')
```

```
# cube의 마지막 시간에 대한 'time' 격자 정보 확인
print(cube[-1,:,:].coord('time'))
```

```
DimCoord([2014-12-16 00:00:00], bounds=[[2014-12-01 00:00:00,
2015-01-01 00:00:00]], standard_name='time', calendar='360_
day', long_name='time', var_name='time')
```

다음을 통해, 전체 자료는 1850년 1월부터 2014년 12월까지의 월평균 기온임을 알 수 있습니다. 저장된 큐브의 기온 값은 다음과 같이 확인할 수 있습니다. 첫 번째 시간인 1850년 1월 기온을 확인해 봅시다.

```
# cube의 첫 번째 시간에 저장된 자료 값을 확인
print(cube[0,:,:].data)
```

```
[[249.89868 249.90674 249.90576 ... 249.90479 249.90112
249.9043 ]
 [250.91943 250.85254 250.80444 ... 251.15967 251.09595
251.02002]
 [251.56396 251.36475 251.21704 ... 251.94385 251.84253
251.71509]
 ...
 [236.15356 236.06104 236.02197 ... 236.45312 236.37524
236.24219]
 [235.17773 235.13623 235.09229 ... 235.29028 235.24512
235.1836 ]
 [234.1394  234.11401 234.10034 ... 234.13745 234.12256
234.12769]]
```

총 144×192개의 격자에 저장된 기온 값이 출력됩니다. 단위는 앞서 확인한 것과 같이 Kelvin입니다.

3-1-5. 간단히 표출하기

IRIS 라이브러리는 큐브 자료에 대해 표출할 수 있는 그래픽 패키지를 포함하고 있습니다. 아래와 같이 앞서 가져온 큐브의 첫 번째 시간(1850년 1월) 기온의 공간분포를 그려봅시다.

```
qplt.contourf(cube[0,:,:])       # contour plot 그리기
plt.gca().coastlines();          # 해안선 표시
plt.show();
```

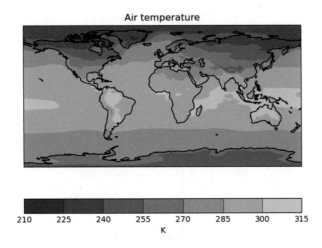

컬러바의 색상은 아래와 같이 변경할 수 있습니다. 이후 명령 줄에서는 변경한 "jet"를 default 값으로 정의해서 표출하게 됩니다.

```
plt.set_cmap('jet')              # 색지도(colormap) 변경
qplt.contourf(cube[0,:,:])       # contour plot 그리기
plt.gca().coastlines()           # 해안선 표시
plt.show();
```

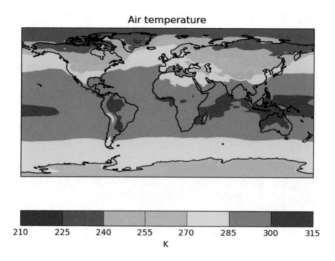

Air temperature

위경도에 대한 평균은 collapsed와 analysis 명령어를 통해 계산합니다.

```
# 경도에 대한 평균
zonal_mean = cube.collapsed('longitude',\
iris.analysis.MEAN)
qplt.contourf(zonal_mean)
plt.show();
```

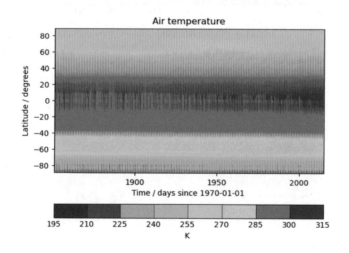

Air temperature

특정 격자에 대한 시계열도 qplt를 이용해서 빠르게 확인할 수 있습니다. 위도 75번째 경도 100번째 격자의 시계열입니다.

```
fig = plt.figure()
# 특정 위경도에 대한 시간 변화를 그림으로 표출
qplt.plot(cube[:,75,100])
# 그림의 x축 tick 라벨이 겹치지 않도록 자동으로 회전
fig.autofmt_xdate()
plt.show();
```

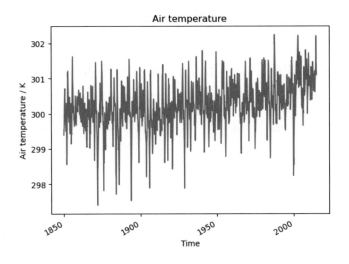

특정 위치에서의 월평균 자료이므로 계절변동성에 여름철에 기온의 양의 피크가 겨울철에 음의 피크가 나타나고, 연도별 변화 경향을 확인할 수 있습니다.

마찬가지로 특정 시간, 특정 경도에서의 위도별 온도분포를 표현하는 방법은 다음과 같습니다.

```
# 첫 번째 시간, 75번째 경도에서의 위도별 온도 분포 표출
qplt.plot(cube[0,:,75])
plt.show();
```

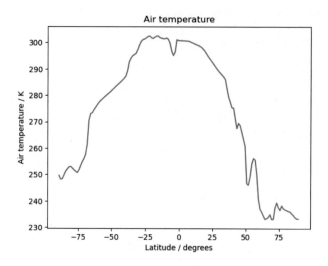

3-1-6. 다양한 지도투영법 이용(Cartopy 라이브러리 활용)

IRIS에서 지도투영법을 변경하고 싶다면, Cartopy 라이브러리를 이용하면 편리합니다.

Cartopy 라이브러리의 특징:

- Object oriented projection definitions
- Point, line, polygon and image transformations between projections
- Integration to expose advanced mapping in matplotlib with a simple and intuitive interface

여기에서는 Cartopy의 몇 가지 지도투영법만 소개하려고 합니다. 더 다양한 맵을 사용하기 위해서는 Cartopy 사이트(http://scitools.org.uk/cartopy/)를 참고하시기 바랍니다.

먼저 PlateCarree 지도투영법을 사용해 봅시다.

```
# PlateCarree map projection
ax = plt.axes(projection=ccrs.PlateCarree())
# 0번째 시간에서의 위경도 값 표출
qplt.contourf(cube[0,:,:])
plt.gca().coastlines()
plt.show();
```

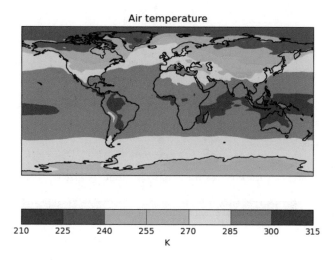

위의 그림에서 위경도 등의 틱 라벨을 추가해 봅시다.

```
# PlateCarree map projection
ax = plt.axes(projection=ccrs.PlateCarree())
# x, y lon, lat ticks 라벨을 위한 설정
ax.set_xticks([-180, -120, -60, 0, 60, 120, 180],\
crs=ccrs.PlateCarree())
ax.set_yticks([-90, -60, -30, 0, 30, 60, 90]\
, crs=ccrs.PlateCarree())
# 위도 경도 라벨 형식을 결정
lon_formatter = LongitudeFormatter\
(zero_direction_label=True)
lat_formatter = LatitudeFormatter()
ax.xaxis.set_major_formatter(lon_formatter)
ax.yaxis.set_major_formatter(lat_formatter)
```

```
# 격자 라인색, 스타일, 굵기 설정
ax.gridlines(color='lightgray',\
linestyle='--',linewidth=0.5)
qplt.contourf(cube[0,:,:])
plt.gca().coastlines()              # 해안선 표시
plt.show();
```

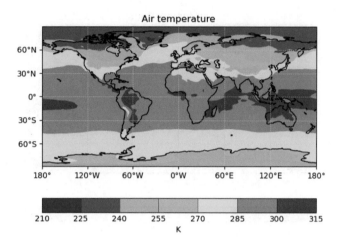

특정 영역에 대한 그림 표출을 하기 위해서는 set_extent를 이용해서 맵의 위경도를 제한해 주면 됩니다.

```
# 그림 크기 설정
fig = plt.figure(figsize=(7,7))
ax = plt.axes(projection=ccrs.PlateCarree())
ax.set_extent([110, 150, 10, 55],\
crs=ccrs.PlateCarree())        # 표출하고자 하는 위경도 설정
qplt.contourf(cube[0,:,:])
plt.gca().coastlines()

# x축 경도 tick 라벨 설정
xticks = [100,110,120,130,140,150,160]
```

```
# y축 위도 tick 라벨 설정
yticks = [10,20,30,40,50,60,70]
g1 = plt.gca().gridlines(color='lightgray',\
linestyle='--',linewidth=0.5)       # gridline 설정

# x축 라벨은 아래쪽만 표시
g1.xlabels_bottom = True
# y축 라벨은 왼쪽만 표시
g1.ylabels_left = True

g1.xformatter = LONGITUDE_FORMATTER
g1.yformatter = LATITUDE_FORMATTER
g1.xlocator = mticker.FixedLocator\
([100,110,120,130,140,150,160,170])
g1.ylocator = mticker.FixedLocator\
([10,20,30,40,50,60,70])
plt.show();
```

몇 가지 다른 지도투영법으로 그림을 그려 봅시다.

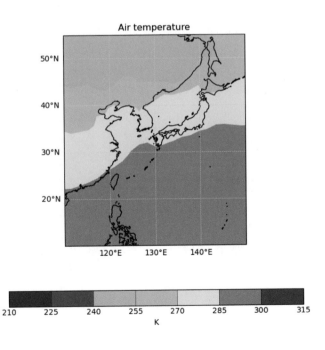

```
# Robinson map projection
ax = plt.axes(projection=ccrs.Robinson())
qplt.contourf(cube[0,:,:])
plt.gca().coastlines()
plt.show();
```

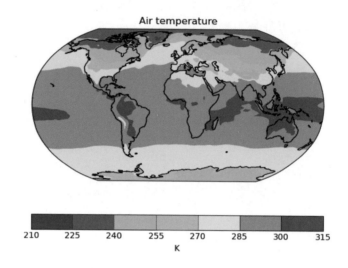

Air temperature

```
fig = plt.figure(figsize=(6,6))
# NorthPolarStereo map projection
ax = plt.axes(projection=ccrs.NorthPolarStereo())
ax.set_extent([0, 359, 50, 90], crs=ccrs.PlateCarree())
# gridline 설정
ax.gridlines(color='lightgray',\
linestyle='--',linewidth=0.5)
qplt.contourf(cube[0,:,:])
plt.gca().coastlines()
plt.show();
```

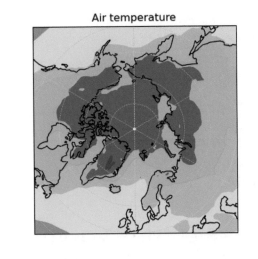

Air temperature

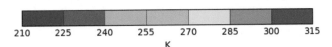

210   225   240   255   270   285   300   315

K

지금까지 IRIS 라이브러리를 이용해서 자료를 읽고 다양한 지도투영법을 활용하여 표출하는 방법을 간단하게 배워 보았습니다. 다음 절에서는 모델 자료를 비교 분석하기 위한 후처리 방법을 알아보겠습니다.

3-2. IRIS 활용한 모델 후처리 방법

3-2-1. Extract

Extract와 Constraint를 이용하면 특정기간과 특정격자 또는 레벨에 대한 필터링과 추출이 가능합니다. 앞서 사용한 기온 큐브에서 경도 "125도" 격자들에 대해서만 추출하고 저장해 봅시다. 아래와 같이 추출된 변수의 배열정보를 확인하면 2차원 격자로 변경되었음을 확인할 수 있습니다.

```
# 특정 경도 값에 대하여 추출
cube_ext = cube.extract\
(iris.Constraint(longitude=125))
print(cube_ext.summary(True))
```

```
air_temperature / (K)                    (time: 1980; latitude: 144)
```

3-2-2. Categorisation

특정 기간과 계절에 대한 추출을 위해서는 Categorisation 함수를 이용합니다. 아래와 같이 특정 시간에 대한 coordinate 정보를 추가한 후 분류하는 방법을 익혀 보겠습니다.

- add_year
- add_day_of_month
- add_day_of_year
- add_seaon
- add_season_yaer

먼저 기존 큐브가 가지고 있는 coordinate 정보를 확인해 봅시다. 4개의 정보가 출력되고 있습니다.

형식		
iris.coord_categorisation.add_categorised_coord([option1], [option2])		
매개변수	설정하는 특성	옵션
[option1]	큐브 이름	카테고리 추가할 큐브 이름
[option2]	격자 정보	세분화하기 위한 격자 이름

표 3-2. 큐브 격자 정보를 이용한 세분화 함수.

```
coord_names = [coord.name() for coord in \
cube.coords()]
print(coord_names)
```

```
['time', 'latitude', 'longitude', 'height']
```

큐브에 연도와 계절에 대한 카테고리를 시간 coordinate에 추가하겠습니다. 단, 큐브에 해당 coordinate가 이미 추가되어 있는 경우 에러가 발생합니다.

```
# 연도 카테고리를 추가
iris.coord_categorisation.add_year(cube, 'time')
# 계절 카테고리를 추가
iris.coord_categorisation.add_season(cube, 'time')
coord_names = [coord.name() for coord in cube.coords()]
print(coord_names)
```

```
['time', 'latitude', 'longitude', 'height', 'season', 'year']
```

위와 같이 계절과 연도에 대한 coordinate가 추가된 것을 확인할 수 있습니다. Coordinate 에 대한 정보를 출력하기 위해서는 print 명령을 이용합니다.

```
# year에 대한 coordinate 정보 출력
print(cube.coord('year'))
# season에 대한 coordinate 정보 출력
print(cube.coord('season'))
```

```
AuxCoord(array([1850, 1850, 1850, ..., 2014, 2014, 2014]),
standard_name=None, units=Unit('1'), long_name='year')
AuxCoord(array(['djf', 'djf', 'mam', ..., 'son', 'son',
'djf'], dtype='<U64'), standard_name=None, units=Unit('no_
unit'), long_name='season')
```

이제 해당 Coordinate 카테고리 정보를 이용하면, 앞서 3-2-1에서 살펴본 Extract 명령을 통해 특정 연도와 계절에 대해 추출이 가능합니다.

```python
#2014년에 해당되는 자료를 추출
cube_2014 = cube.extract(iris.Constraint(year=2014))
#월별자료이므로 2014년의 12개월 자료가 추출을 확인
print(cube_2014.summary(True))
```

```
air_temperature / (K)                    (time: 12; latitude: 144;
longitude: 192)
```

```python
# lambda 명령을 이용, 1951년부터 2000년까지 50년 자료 추출
cube_50yrs = cube.extract\
(iris.Constraint(year=lambda yr:1951<=yr<=2000))
# 큐브의 격자숫자 확인, 12개월 x 50년 = 600개
print(cube_50yrs.shape)
```

```
(600, 144, 192)
```

```python
#  전체 자료 중 겨울철 (DJF season)에 대한 자료 추출
cube_djf = cube.extract(iris.Constraint(season='djf'))
print(cube_djf.shape)
# 3개월(DJF)×165년=495개 시간 격자 확인
```

```
(495, 144, 192)
```

3-2-3. Intersection

앞서 사용한 Extract는 추출의 개념이라면 Intersection 함수는 큐브의 위도, 경도의 특정 격자만 가위로 잘라서 분석하고 싶을 때 사용할 수 있습니다. 앞서 Extract 함수를 이용해도 동일한 결과를 얻을 수 있으나, Intersection 함수를 쓰면 보다 쉽게 영역 설정이

가능합니다. 앞서 전지구 기온 변수가 저장된 큐브를 이용해서 동아시아 분석 영역으로
자른 다음에 새로운 큐브에 저장하고 출력해 봅시다.

```
# 수평격자 자르기, 위도 15-50, 경도 110-145 영역
cube_region = cube.intersection\
(latitude=(15,50),longitude=(110,145))
# 아래 extract와 동일한 방식이지만 훨씬 짧은 명령으로 가능함
cube_region = cube.extract\
(iris.Constraint(latitude=lambda \
lat:15<=lat<=50, longitude=lambda lon:110<=lon<=145))
# 그림 출력
qplt.contourf(cube_region[0,:,:])
plt.gca().coastlines()
plt.show();
```

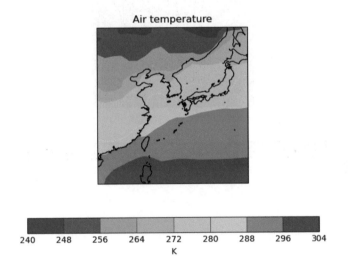

3-2-4. Interpolation

위경도 수평 격자에 대한 내삽을 하기 위해서는 Interpolate 명령을 사용합니다. 앞서 동
아시아 영역으로 잘라 놓은 큐브를 이용해서 내삽을 해 봅시다. 아래에서 확인할 수 있
듯 cube_region은 위도 30개 × 경도 20개의 격자로 이뤄져 있습니다.

```
# 격자모양을 확인, 시간 1980개, 위도 30개, 경도 20개 격자구조
print(cube_region.shape)
```

```
(1980, 30, 20)
```

```
# 격자 모양대로 그림을 출력, 이전 Contour 그림과 비교
qplt.pcolormesh(cube_region[0,:,:])
plt.gca().coastlines()
plt.show();
```

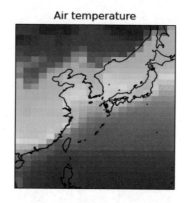

Air temperature

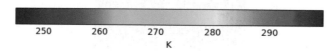

250   260   270   280   290
K

이제 앞서 불러왔던 Numpy 라이브러리를 이용해서 위경도 5개 × 5개의 격자로 내삽을 해 보겠습니다.

```
# np.linspace(110, 145, 5))는 110~145 사이를
# 5개 간격으로 나눠서 리스트로 반환하는 명령임
sample_points = [('longitude',\
np.linspace(110,145,5)),\
('latitude', np.linspace(15,50,5))]
```

```
# sample_points 크기로 cube_region의 위경도격자를 내삽
cube_inter = cube_region.interpolate(sample_points,\
iris.analysis.Linear())
qplt.pcolormesh(cube_inter[0,:,:]);
plt.gca().coastlines()
plt.show();
```

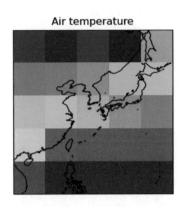

Air temperature

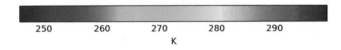

250   260   270   280   290

K

```
print(cube_inter.shape)
```

```
(1980, 5, 5)
```

위의 그림과 배열 정보에서 확인할 수 있듯 기존에 위경도 30 × 20개 = 600개 격자였던 큐브가 5 × 5개 = 25개 격자로 내삽되었다.

3-2-5. Regrid

큐브 간 사칙연산을 하기 위해서는 서로 동일한 격자 구조를 가지고 있어야 합니다. 모델 간 자료를 비교 분석 또는 앙상블 평균을 계산하기 위해서는 동일한 격자로 맞춰 줘

야지만 계산을 할 수 있습니다. 이럴 때 사용할 수 있는 함수가 Regrid입니다. 다시 말해서 Regrid는 다른 격자 구조의 자료끼리 비교 분석 등 통계적 처리가 필요할 때 사용됩니다. IRIS에서는 타겟의 격자정보를 가져와서 기존 큐브의 격자를 바꿔 줄 수 있습니다. 리그리드 방법은 다음과 같이 3가지 옵션이 있으며 일반적으로 선형방법을 많이 이용합니다.

- iris.analysis.Linear
- iris.analysis.Nearest
- iris.analysis.AreaWeighted

```python
# 다른 격자구조를 가진 모델 (IPSL-CM6A-LR) 자료를 다운로드
import wget
url = "https://data.ceda.ac.uk/badc/cmip6/data/CMIP6/\
CMIP/IPSL/IPSL-CM6A-LR/historical/r1i1p1f1/Amon/tas/\
gr/v20180803/tas_Amon_IPSL-CM6A-LR_historical_\
r1i1p1f1_gr_185001-201412.nc"
# 명령을 실행한 위치에 url 링크의 자료를 다운로드
wget.download(url)
```

```
100% [..............................]  95369614 / 95369614
```

다운로드가 완료되면 아래와 같이 큐브로 불러와서 격자구조를 살펴봅시다.

```python
# 다운로드 받은 자료를 target_cube에 저장
new_file_name = 'tas_Amon_IPSL-CM6A-\
LR_historical_r1i1p1f1_gr_185001-201412.nc'
target_cube = iris.load_cube(new_file_name)
print(target_cube.shape)              # 격자구조를 확인
```

```
(1980, 143, 144)
```

새롭게 다운로드 한 IPSL 모델자료의 격자는 시간은 1980개 위도 143개 경도 144개로 이뤄져 있습니다.

```
cube_regrid = cube.regrid(target_cube,\
iris.analysis.Linear())
# regrid 하기 전 기존 큐브의 격자 정보
print(cube.shape)
# regrid 이후 격자 정보를 확인
print(cube_regrid.shape)
```

```
(1980, 144, 192)
(1980, 143, 144)
```

위와 같이 리그리드 하기 전 기존 큐브는 격자구조는 144 × 192개의 위경도 수평해상도를 가지고 있었으나, IPSL 모델과 동일하게 리그리드를 수행하여 143 × 144개 위경도 수평해상도로 변경되었음을 확인할 수 있습니다. 이제 두 모델 간 격자구조가 동일하게 변경되어 값의 차이 또는 평균 같은 통계적 분석을 수행할 수 있게 되었습니다.

형식		
cube_regird = cube.regrid([option1], [option2])		
매개변수	설정하는 특성	옵션
[option1]	목표되는 격자 큐브	리그리드 정보를 가지고 있는 큐브 이름
[option2]	리그리드 사용할 타입	iris.analysis.Linear iris.analysis.Nearest iris.analysis.AreaWeighted

표 3-3. 격자 리그리드를 위한 함수.

3-2-6. Mask

이번 챕터에서는 Mask 사용법에 대해 알아보겠습니다. 육지나 해양의 값만 계산하거나 또는 특정 지역의 자료를 제거하기 위해 마스크 방법을 사용합니다. 예를 들어 기온이 특정값 이상인 지역에 대해서만 분석하기 위해서는 다음과 같이 Mask 함수를 이용할 수 있습니다.

```
# 값이 255 이하인 격자 위치를 찾아서
# True로 아니면 False로 저장
masked = np.where(cube.data < 255., True, False)
# cube_masked에 기존 cube의 coordinate 정보를 복사
cube_masked = cube.copy()
# 마스킹 처리
cube_masked.data = ma.array(cube.data, mask=masked)
qplt.contourf(cube_masked[0,:,:])    # 그림으로 표출
plt.gca().coastlines()
plt.show();
```

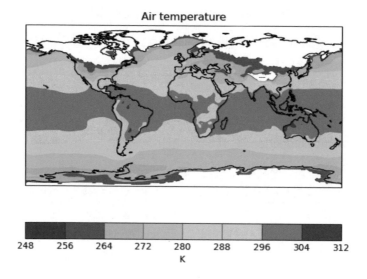

아래와 같이 비교연산자 | 또는 &를 통해 동시에 여러 범위의 값을 마스크를 수행할 수 도 있습니다.

```
# 기온이 255도 이하이거나 또는 300도가
# 넘는 값을 가진 격자를 마스킹
masked = np.where((cube.data < 255.) | \
(cube.data > 300.),True, False)
cube_masked = cube.copy()
cube_masked.data = ma.array(cube.data, mask=masked)
qplt.contourf(cube_masked[0,:,:])
plt.gca().coastlines()
plt.show();
```

형식		
masked = np.where([option1], [x], [y])		
매개변수	설정하는 특성	옵션
[option1]	조건 검색	참인 경우 [x], 거짓인 경우 [y]로 반환

표 3-4. 조건에 일치하는 격자를 마스크 하기 위한 np.where 함수.

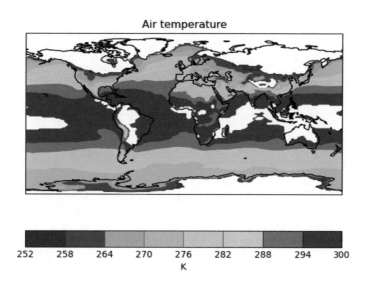

그림에서도 확인할 수 있지만 아래와 같이 데이터의 값을 직접 확인해 보면 결과 값이 null (--)으로 되어 있어 마스크 처리가 정상적으로 이뤄진 것을 알 수 있습니다.

```
print(cube_masked[0,0,:].data)
```

```
[-- -- -- -- -- -- -- -- -- -- -- -- -- -- -- -- -- -- -- -- -- -- -- --]
```

3-2-7. Annual Mean

IRIS 라이브러리에서는 Aggregate 함수를 이용하여 특정 기간에 대한 평균을 구할 수 있습니다. 앞서 3-2-2에서 이미 time의 coordinate에 대해 season과 year에 대해 Cat- egorisation을 완료하였으므로 이를 이용해서 연평균과 계절평균을 계산해 봅시다.

```
# 전체 165년에 대한 연평균을 계산하여 annual 큐브에 저장
annual = cube.aggregated_by(['year'],\
iris.analysis.MEAN)
print(annual.shape)
# 4계절에 대한 계절 평균을 계산하여 season 큐브에 저장
# (0:DJF, 1:MAM, 2:JJA, 3:SON)
season = cube.aggregated_by(['season'],\
iris.analysis.MEAN)
print(season.shape)
```

```
(165, 144, 192)
(4, 144, 192)
```

형식		
cube.aggregated_by([option1], [option2])		
매개변수	설정하는 특성	옵션
[option1]	격자 이름	하나 또는 다수의 분류 된 격자 정보
[option2]	각 그룹간 적용할 통계 방법	평균, 최대, 최소, 합 등 그룹에 적용할 기법

표 3-5. 분류된 격자 정보를 이용한 통계 처리 aggregated_by 함수.

큐브의 사칙연산을 통해 계절 간 차이를 계산할 수 있습니다.

```
# 큐브 JJA - DJF 차이를 계산
diff_season = season[2] - season[1]
# color bar level 범위를 설정
levels = np.linspace(-20,20,21)
qplt.contourf(diff_season, levels,\
cmap=plt.cm.seismic,\
extend='both')  # 색지도 설정
plt.gca().coastlines()
plt.show();
```

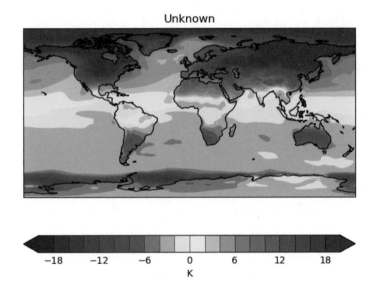

3-2-8. Area Mean & Time-series

시계열 및 통계 분석을 위하여 전지구 또는 지역 평균값을 산출하기 위한 후처리 방법입니다. 먼저 위경도 격자의 바운드 값이 정의되어 있어야 합니다.

```
# 위경도 격자에 대한 바운드 추정,
# 이미 값을 가지고 있는 경우에는
# 아래와 같은 에러가 발생함
annual.coord('latitude').guess_bounds()
annual.coord('longitude').guess_bounds()
```

```
ValueError: Coord already has bounds. Remove the bounds before
guessing new ones.
```

영역 평균을 계산하기 위해서는 분석 영역에 대한 weight를 먼저 구해야 합니다. 3-2-7
에서 후처리된 연평균 격자 자료를 이용해서 전지구 영역에 대한 평균값을 산출해서 시
계열을 그려 봅시다.

```
# 영역에 대한 weight를 계산
weight = iris.analysis.cartography\
.area_weights(annual)
wgtd_mean = annual.collapsed\
(['latitude','longitude'],\
iris.analysis.MEAN, weights = weight)
qplt.plot(wgtd_mean)
plt.show();
```

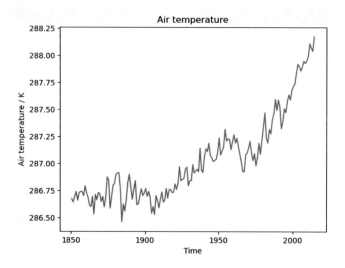

3-2-9. Comparison and Correlation

이번 챕터에서는 지금까지 배운 기본적인 통계 처리 방법을 활용하여 모델 간 지면 기온을 비교하고자 합니다. 먼저 다음 예제를 통해 앞서 간단하게 qplt 명령을 이용해서 그렸던 시계열 표출 방법의 세부적인 그림 설정 방법을 알아봅시다.

```
# 현재 시간을 저장
time = time.strftime('%x %X', time.localtime(time.time()))
plt.figure(figsize=(10,4))  # 그림 사이즈 설정
plt.figtext(0.7, 0.8, 'Global area mean',\
ha='left', color='black')        # 텍스트 표시
plt.figtext(0.7, 0.2, 'Generated: '+time,\
ha='left', color='gray')         # 그림 생성 시간 표시

# 데이터 유닛을 저장
unit = wgtd_mean.units
# 변수 이름을 저장
title = wgtd_mean.standard_name
# 그림 인덱스, 마크를 * 라인은 Dashed 설정
plot_index = '*--'
# 아노말리 계산을 위한 평균값 산출
clim = wgtd_mean.collapsed('time',\
iris.analysis.MEAN)
anomaly = wgtd_mean - clim        # 아노말리 계산

qplt.plot(anomaly, plot_index, color='red',\
label='Global', lw=1)      # 그림 설정

plt.title(title)                      # 타이틀 출력
plt.xlabel('Time')                    # x축 라벨 출력
plt.ylabel('Anomaly / '+str(unit))    # y축 라벨 출력
plt.legend(fontsize=10)               # 레전드 출력
# 그리드 라인 출력
plt.grid(color='lightgray',linestyle='--',\
linewidth=0.5)
plt.show();
```

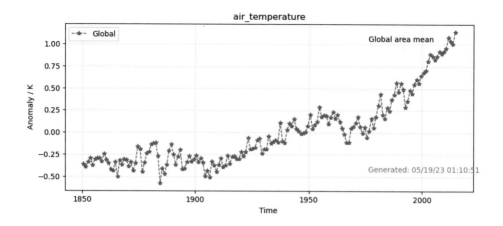

이번에는 3-2-5절에서 Regrid를 위해 받아 놓은 IPSL-CM6A-LR 모델의 기온 아노말리를 계산하고, 방금 계산한 KACE 모델의 전 지구 기온 아노말리를 시계열을 통해 한번 비교해 봅시다.

```
# Categorisation 함수 이용해서 IPSL 모델의 연평균을 계산
iris.coord_categorisation.add_year\
(target_cube, 'time')
target_annual = target_cube.aggregated_by(['year'],\
iris.analysis.MEAN)

# 영역 평균을 위해 위경도 Bounds를 추정,
# 이미 Bounds가 되어 있는 경우 에러가 발생 하니 주의
target_annual.coord('latitude').guess_bounds()
target_annual.coord('longitude').guess_bounds()

# 영역 평균을 계산
target_weight = iris.analysis.cartography.\
area_weights(target_annual)
target_wgtd_mean = target_annual.\
collapsed(['latitude','longitude'],\
iris.analysis.MEAN,\
weights = target_weight)

# 전체 기간에 대한 아노말리를 계산
```

```
target_clim = target_wgtd_mean.collapsed('time',\
iris.analysis.MEAN)
target_anomaly = target_wgtd_mean - target_clim

plt.figure(figsize=(10,4))              # 그림 사이즈 설정

# x축 값을 1850년부터 2014년으로, y축 값을 KACE 모델,
# 빨간실선으로 그림 표출
plt.plot(np.linspace(1850, 2014, 165),\
anomaly.data, '-', color='red', \
label='K-ACE1.0', lw=1)

# x축 값을 1850년부터 2014년으로, y축 값을 IPSL 모델,
# 파란색 파선으로 그림 표출
plt.plot(np.linspace(1850, 2014, 165),\
target_anomaly.data,':', color='blue',\
label='IPSL-CM6A-LR', lw=1)

plt.title('Surface Air Temperature') # 그림 타이틀 출력
plt.xlabel('Year')                    # 그림 x축 라벨 출력
plt.ylabel('Anomaly (K)')             # 그림 y축 라벨 출력
plt.legend(fontsize=10)               # 레전드 출력
# 그리드 출력
plt.grid(color='lightgray',linestyle='--',\
linewidth=0.5)
plt.show();
```

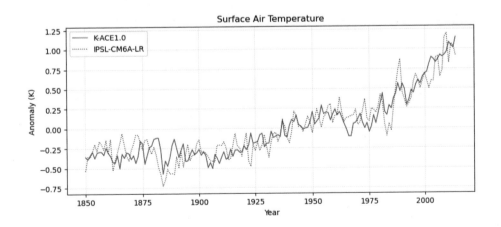

위의 그림을 통해 두 모델의 과거 기간 전 지구 기온 아노말리의 변화 경향의 유사함을 확인할 수 있습니다. 아래에서는 두 모델의 연평균 값들에 대해 scatter 그림을 그려 보았습니다. 선형회귀선이 1:1 라인에 가깝게 위치하고 있으며 상관성이 0.835로 매우 높게 나타났습니다.

```python
# 초기에 불러왔던 statsmodels.api 모듈을 이용해서
# 회귀선과 상관관계를 계산
results = sm.OLS(target_anomaly.data,\
sm.add_constant(anomaly.data)).fit()
X_plot = np.linspace(-1.5,1.5,100)

plt.figure(figsize=(5,5))                # 그림 사이즈 설정
plt.scatter(anomaly.data, target_anomaly.data,\
color='red', s=2)        # scatter 그림 표출
plt.axis((-0.5,1.5,-0.5,1.5))     # x-y축 범위 설정
# 1 대 1 레퍼런스 라인 그리기
plt.plot((-0.5,1.5), (-0.5,1.5), ':', color='black');
# 회귀선 그림 표출
plt.plot(X_plot, X_plot*results.params[1] + \
results.params[0], '--', color='red')
# X-Y 상관성 R2 값 저장 및 텍스트 표출
anntxt=r'$R^2={:.3f}$'.format(results.rsquared)
plt.annotate(anntxt,xy=(0.03,0.90), \
xycoords='axes fraction', ha='left', fontsize=12, \
stretch='semi-condensed')

# 그림 타이틀, x축 라벨, y축 라벨 표출
plt.title('Comaparison of simulated global mean TAS')
plt.xlabel('K-ACE')
plt.ylabel('IPSL-CM6A-LR');
plt.show();
```

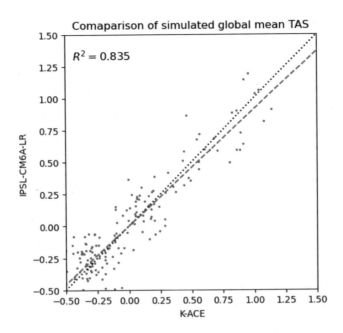

3-2-10. Contour Plot(Land or Ocean only)

앞서 다양한 라이브러리를 이용하여 Contour plot을 그려 보았습니다. 여기에서는 지면 기온 자료를 이용하여 지면 또는 해양 자료만 그림을 그리는 방법에 대해 알아보려고 합니다. 보통 지면만 그린다고 하면 Mask를 먼저 떠올리게 되는데, 여기에 소개될 방법은 Mask를 이용하는 방법과는 조금 다릅니다. (모델 격자의 Mask 방법은 3-2-6절에서 이미 다룬 바 있습니다.)

필요한 모듈을 로드합니다.

```
%matplotlib inline
import iris    # iris 라이브러리 호출
import iris.quickplot as qplt
import matplotlib.pyplot as plt
import iris.plot as iplt
```

3-1-3절에서 사용한 K-ACE 모델 자료를 이용하여 큐브를 생성합니다.

```
fname = 'tas_Amon_KACE-1-0-G_historical_r1i1p1f1_gr_\
185001-201412.nc'
cube = iris.load_cube(fname)
```

```
/Users/climate/opt/anaconda3/lib/python3.7/site-packages/
iris/fileformats/cf.py:803: UserWarning: Missing CF-netCDF
measure variable 'areacella', referenced by netCDF variable
'tas'
  warnings.warn(message % (variable_name, nc_var_name))
```

간단하게 Contour plot을 먼저 생성해 봅시다.

```
qplt.contourf(cube[0,:,:], cmap='jet')
plt.gca().coastlines();
plt.show();
```

Air temperature

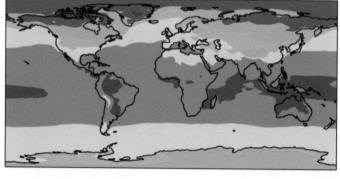

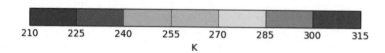

위의 그림을 통해서 모델의 경우 전체 그리드에 자료가 존재하므로, 해양을 제외한 육지의 자료만 표출하고자 합니다.

먼저 필요한 라이브러리를 호출합니다.

```
import cartopy.crs as ccrs
import cartopy.feature as cfeature
```

Cartopy 라이브러리를 통해, 육지와 호수의 facecolor를 검은색으로 처리하여 앞의 그림과 같은 자료, 같은 값을 표출한 것입니다. Mask를 이용하게 되면 각 격자점의 사각형이 나타나므로 해안선이 아래와 같이 깔끔하게 나타나기 어렵습니다. 전체 그리드에 자료를 그린 이후에 해안선을 따라 검은색 물감을 겹쳐 그렸다고 생각하면 이해하기 쉽습니다.

```
fig = plt.figure(figsize=(18,9))
ax = plt.axes(projection=ccrs.PlateCarree())
# 남위 60도 이하 영역을 제거
cube_n = cube.intersection(latitude=(-60,90))
iplt.contourf(cube_n[0,:,:], 100, \
extend='both', cmap='jet')
ax.add_feature(cfeature.NaturalEarthFeature\
('physical','ocean', '50m', edgecolor='face',\
facecolor='black'))
plt.show();
```

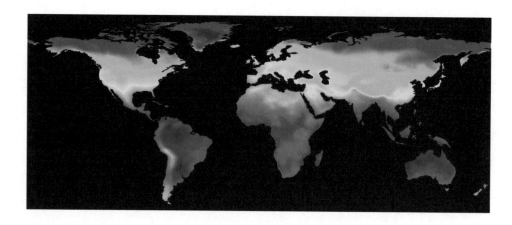

전 지구 중심 경도를 동아시아 관점으로 변경합니다.

```python
fig = plt.figure(figsize=(18,9))
ax = plt.axes(projection=ccrs.\
PlateCarree(central_longitude=155))
iplt.contourf(cube[0,:,:], 100, \
extend='both', cmap='jet')

ax.add_feature(cfeature.\
NaturalEarthFeature('physical','ocean','50m',\
edgecolor='face', facecolor='black'))
plt.show();
```

남극대륙 쪽 자료를 잘라 냅니다.

```
fig = plt.figure(figsize=(18,9))
# 남위 60도 이하 영역을 제거
cube_n = cube.intersection(latitude=(-60,90))
ax = plt.axes(projection=\
ccrs.PlateCarree(central_longitude=155))
iplt.contourf(cube_n[0,:,:], 100, extend='both',\
cmap='jet')
ax.add_feature(cfeature.NaturalEarthFeature\
('physical','ocean','50m', edgecolor='face',\
facecolor='black'))
plt.show();
```

반대로 해양의 값만 남기고 육지의 facecolor를 검은색으로 처리해 봅시다.

```
fig = plt.figure(figsize=(18,9))
ax = plt.axes(projection=ccrs.PlateCarree())
# 남위 60도 이하 영역을 제거
cube_n = cube.intersection(latitude=(-60,90))
iplt.contourf(cube_n[0,:,:], 100, \
extend='both', cmap='jet')
ax.add_feature(cfeature.NaturalEarthFeature\
('physical','land','50m',edgecolor='face',\
```

```
facecolor='black'))
ax.add_feature(cfeature.LAKES, facecolor='black');
plt.show();
```

지도투영법을 변경해 봅시다.

```
fig = plt.figure(figsize=(7,7))
ax = plt.axes(projection=ccrs.Orthographic(-10, 45))
iplt.contourf(cube[0,:,:], 100, extend='both',\
cmap='jet')
ax.add_feature(cfeature.NaturalEarthFeature\
('physical','ocean','50m',edgecolor='face',\
facecolor='black'))
plt.show();
```

주의할 점은 위의 그림에서 검은색 영역에도 실제로는 값이 존재하므로, 지역 또는 전 지구 평균 등 통계분석을 할 경우에 육지나 해양의 격자를 Mask 해야 한다는 점입니다.

3-2-11. Contour Plot(Level & Ticks)

3장의 앞선 절들에서 IRIS 라이브러리를 이용하여 다양한 Contour plot을 그려 보았습니다. 여기에서는 Contour의 color bar에 대해 상세한 설정 방법에 대해 알아보고자 합니다.

먼저 라이브러리들을 가져옵니다.

```
%matplotlib inline
import iris
import iris.quickplot as qplt
import matplotlib.pyplot as plt
import iris.plot as iplt
import numpy as np
```

다음으로 자료를 읽어 와서 큐브에 저장합니다.

```
fname = 'tas_Amon_KACE-1-0-G_historical_r1i1p1f1_gr_ \
185001-201412.nc'
cube = iris.load_cube(fname)
diff = cube[0,:,:] - cube[1,:,:]
```

```
/Users/climate/opt/anaconda3/lib/python3.7/site-packages/
iris/fileformats/cf.py:803: UserWarning: Missing CF-netCDF
measure variable 'areacella', referenced by netCDF variable
'tas'
  warnings.warn(message % (variable_name, nc_var_name))
```

두 큐브의 차이를 Contour plot으로 표출합니다.

```
iplt.contourf(diff, 30, cmap=plt.cm.bwr, \
extend='both')
plt.gca().coastlines()
plt.colorbar(orientation='horizontal');
plt.show();
```

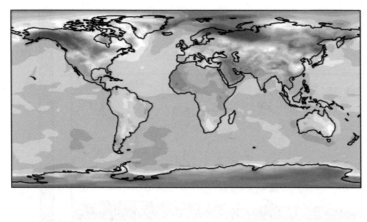

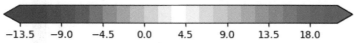

위의 그림을 보면 컬러바의 중심이 미묘하게 어긋나 있으며 좌우 균형도 이상합니다. Contour plot을 그릴 때 30개의 레벨로 자동으로 그렸기 때문으로 이 부분을 수동으로 조절해 봅시다.

```
levels=np.linspace(-19, 19, num=20)
print(levels)
```

```
[-19. -17. -15. -13. -11.  -9.  -7.  -5.  -3.  -1.   1.   3.
  5.   7.   9.  11.  13.  15.  17.  19.]
```

levels을 -19에서부터 19까지 20개로 설정합니다.

```
cm = iplt.contourf(diff, levels, cmap=plt.cm.seismic)
plt.gca().coastlines()
plt.colorbar()
plt.show();
```

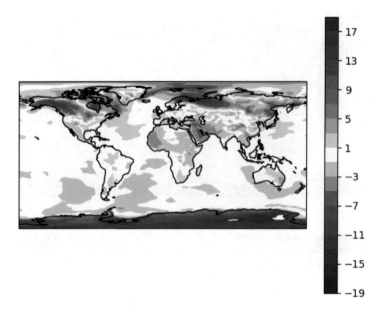

그림은 잘 그려졌으나 color bar의 틱레벨이 미묘하게 어긋나 있으므로, 틱레벨을 수동으로 조절해 봅시다.

```
cm = iplt.contourf(diff, levels, cmap=plt.cm.seismic)
plt.gca().coastlines()
plt.colorbar(cm,ticks=np.arange(-20,25,5));
plt.show();
```

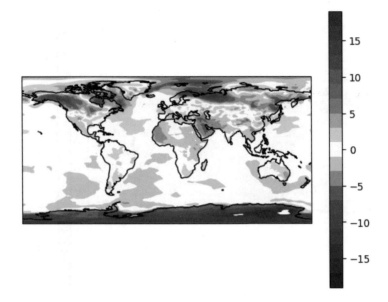

위의 그림에서는 각 레벨마다 간격이 동일하게 설정하였으나, 다음의 예제에서는 임의로 레벨 간격을 정해 보았습니다.

```
levels = [-10, -5, -1, -0.1, 0.1, 1, 5, 10]
cm = iplt.contourf(diff,levels, cmap=plt.cm.seismic)
plt.gca().coastlines()
# 틱레벨에 중심선 0 값을 추가
plt.colorbar(cm,ticks=[-10,-5,-1,-0.1,0,0.1,1,5,10]);
plt.show();
```

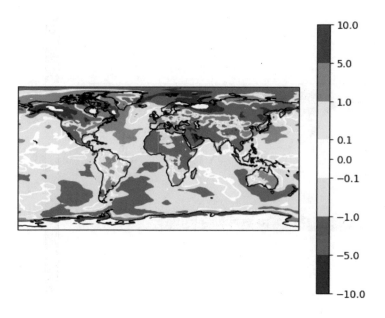

위와 같이 컬러바의 틱레벨이 수정되었습니다.

4. 태풍 자료 분석

최다영(blingdy@gmail.com)

태풍은 주로 북태평양 남서부 해상에서 발생하는 열대성 저기압으로, 중심 부근 최대풍속이 17m/s 이상인 강한 폭풍우를 동반한 기상현상을 말합니다. 태풍의 대륙 접근은 폭우, 강풍 등에 의해 인적·물적의 심각한 피해를 초래합니다. 태풍의 강도와 진로의 예측 정확도 향상 연구를 위해서는 다양한 분석이 필요합니다. 이 장에서는 파이썬을 활용하여 객관적 방식으로 추적한 태풍 관측 정보인 태풍의 중심 위치와 최소해면기압, 중심 부근 최대풍속과 수치모델에서 예측한 자료를 이용하여 분석하고자 하는 변수를 처리 및 계산하며 이를 가시화하는 과정을 설명합니다.

이 장의 예제는 Anaconda3 환경에서 실행하였습니다. 예제에 사용된 파이썬 라이브러리는 다음과 같이 사용하였습니다.

- python/3.9.13, numpy/1.21.5, matplotlib/3.5.2
- Cartopy/0.21.1
- Iris/3.4.0

예제에 사용한 샘플자료는 2020년 7월에 발생한 가상 태풍인 0호의 태풍 정보(강도와 진로)와 수치모델의 예측 자료를 만들어 사용하였습니다. 가상 태풍 0호에 대한 이름은 TYPHOON1로 명칭합니다. 또한 수치모델의 예측 자료로 사용한 등압면과 단일면 샘플 자료는 수평 해상도가 약 3km이고 스칼라와 벡터의 위경도는 동일한 위치로 저장되어 있습니다.

4-1. 태풍 예측 오차 막대 차트

태풍 예측 오차는 열대 폭풍(Tropical Storm) 이상으로 발달한 기간에 예측 시간에 따라 태풍의 강도와 진로에 대한 관측과 예측의 차이를 말합니다. 주로 태풍 예측 오차는 태풍 사례별로 열대 폭풍 이상으로 존재하는 기간을 평균하여 분석합니다. 또한 이 절의 차트는 두 실험의 예측 오차를 비교하므로 꺾은선 차트보다 막대 차트가 더 유용합니다. 그림 4-1은 2020년 7월에 발생한 0호 가상 태풍 TYPHOON 1에 대한 두 실험(CTL, EXP)의 예측 태풍의 강도와 진로를 그린 막대 차트입니다. CTL 실험은 파란 막대, EXP 실험은 빨간 막대로, 태풍 예측 오차가 더 작은 실험이 태풍의 예측 성능이 더 좋음을 의미합니다.

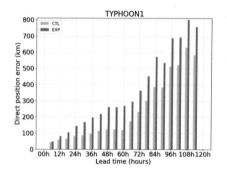
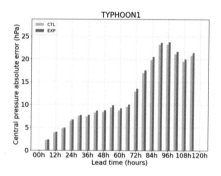
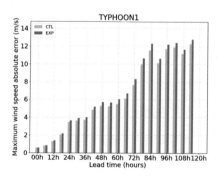

그림 4-1. 2020년 0호 가상 태풍 TYPHOON 1 사례의 강도와 진로의 예측 오차 비교
(상단 좌측: 최소해면기압, 상단 우측: 최대풍속, 하단: 중심 위치).

그림 4-1 차트는 2020년 0호 가상 태풍 TYPHOON 1의 태풍 관측자료와 예측자료를 읽어 관측 시간 기준으로 예측 데이터와 관측 데이터를 합쳐 예측 오차를 계산 및 분석 기간 평균한 후, 예측 0시부터 120시간까지 6시간 간격으로 막대를 그리는 과정을 수행합니다. 진행 순서는 다음과 같습니다.

```
1) 태풍 관측자료 읽기 및 분석 기간만큼 관측 데이터 슬라이싱하기
2) 태풍 예측자료 읽기 및 관측 시간 기준 예측 데이터와 관측 데이터 합치기
3) 예측 기간(Forecast Period)별 위/경도 이용 하버사인 방식 기반 거리 계산 및 예측
   오차 계산
4) 예측 시간에 따른 관측 시간 정렬 및 기간 평균 계산
5) 태풍 강도 및 진로의 예측 오차 이용 막대차트 그리기
```

먼저 필요한 라이브러리와 인터페이스는 다음과 같이 호출합니다.

```python
# -! 라이브러리 및 인터페이스 호출
import os
import numpy as np
import datetime
from datetime import timedelta
from numpy.lib.recfunctions import append_fields
import math, matplotlib.pyplot as plt
```

태풍 관측자료는 2020년 0호 가상 태풍 TYPHOON 1에 대해 자료의 헤더 지표인 99999와 태풍 정보 지표인 111을 이용하여 태풍 이름, 관측 시간, 등급, 중심 위·경도, 최대풍속, 최소해면기압을 읽을 수 있게 다음과 같이 만들어 놓았습니다. 형식은 RSMC(Regional Specialized Meteorological Center) 베스트 트랙(Best Track)자료의 형식과 유사하므로 다음 코드는 RSMC 베스트 트랙자료에도 적용할 수 있습니다. RSMC 베스트 트랙자료의 형식은 https://www.jma.go.jp/jma/jma-eng/jma-center/rsmc-hp-pub-eg/Besttracks/e_format_bst.html에서 자세한 정보를 확인하시기 바랍니다.

```
99999 2000   020 0001 0000 0 6    TYPHOON1        20200420
20070100 111 3 154 1321 36 1005
20070106 111 3 171 1307 35 1000
20070112 111 3 176 1292 41 1000
20070118 111 4 178 1279 48  995
20070200 111 3 181 1268 44  996
20070206 111 4 192 1259 50  989
20070212 111 4 202 1248 66  985
20070218 111 4 209 1236 57  981
20070300 111 5 217 1230 69  977
20070306 111 5 229 1229 70  973
20070312 111 5 246 1229 77  963
20070318 111 5 262 1225 78  952
20070400 111 5 275 1225 68  966
20070406 111 4 286 1222 60  975
20070412 111 4 300 1225 57  981
20070418 111 4 306 1228 48  984
20070500 111 3 320 1240 45  990
20070506 111 3 333 1247 40  992
20070512 111 3 343 1264 38  993
20070518 111 3 358 1282 36  994
```

태풍 관측 자료는 지표를 이용하여 읽기 때문에 라인별로 문자열로 읽어 처리합니다. 라인별 문자열에는 관측 시간, 등급, 위·경도, 최대풍속, 최소해면기압이 포함되어 있어 이 값들을 추출해야 합니다. 이 값들은 공백으로 구분되어 있어 split() 함수를 이용하여 분리합니다. 이때, 공백 분리는 한 칸으로 했기 때문에 공백이 두 칸 이상이면 공백 요소가 생성되어 원하는 변수가 제대로 추출되지 않습니다. 따라서 이를 해결하기 위해 사용자 정의 함수 remove_blank5list()를 사용합니다. remove_blank5list() 함수는 공백 요소를 제거하여 리스트로 반환해 줍니다.

```python
# -! 태풍 관측자료 파일 선언
tynum = "2000" # 태풍 발생연도 지정
tyobsf = "./data/ObsTrack.TC"+tynum # 폴더, 파일 지정

# -! remove_blank5list() 함수 정의: 리스트의 공백 요소 제거
def remove_blank5list(list) :
    newlist = []
    for l in list :
```

```
      if not '' == l :
         newlist.append(l)
   return newlist

# -! 태풍 관측자료 파일 읽기
f = open(tyobsf, 'r') # 파일 열기
list = f.readlines() # 파일 내용 읽기
list = [l.strip() for l in list] # 라인별 오른쪽 공백 제거
ty_cat, ty_name, ty_date, ty_lat, ty_lon, ty_pmin,\
ty_vmax = [], [], [], [], [], [], [] # 리스트 초기화
for i in np.arange(np.shape(list)[0]) :
   if '99999' in list[i] : # 99999 지표 이용 헤더 구분
      ilist = list[i].rstrip().split(" ") # 문자열, 공백 구분
      header = remove_blank5list(ilist) # 공백 요소 제거
      tyname = header[7] # 태풍 이름 할당
      nline = int(header[2]) # 관측 데이터 수 할당
      for j in range(nline+1) : # 관측 데이터 수 반복
         dataline = remove_blank5list( \
                              list[i+j].split(" "))
                # remove_blank5list() 함수 이용 공백 요소 제거
      if '111' in dataline[1] : # 111 지표 이용 라인 구분
      ty_date.append(dataline[0][2:]) # 관측 시간
      ty_cat.append(dataline[2]) # 등급
      ty_lat.append(float(dataline[3])*0.1)
         # 중심 위도
      ty_lon.append(float(dataline[4])*0.1)
         # 중심 경도
      ty_vmax.append(float(dataline[5])*0.5144)
         # 최대풍속
      ty_pmin.append(float(dataline[6]))
         # 최소해면기압

del(list)
```

가상 태풍 TYPHOON1의 열대 폭풍 이상으로 존재한 시기는 2020년 7월 1일 00UTC 부터 7월 5일 18UTC까지입니다. 읽은 태풍 관측 데이터는 열대 폭풍 이상으로 존재한

시기를 분석 기간으로 정의하여 이 기간에 해당하는 자료만 남겨야 합니다. 태풍 관측 데이터의 슬라이싱은 분석의 시작 시간과 마지막 시간의 인덱스 값으로 처리합니다. 해당 시간의 인덱스 값 찾기는 사용자 정의 함수 narr_match_date()를 이용합니다. narr_match_date() 함수는 분석 시간을 관측 시간과 일치하는 인덱스(index) 값을 반환해 줍니다.

```
# -! 분석 시작과 마지막 시간 지정
tysdate = "2020070100"
tyedate = "2020070518"

# -! narr_match_date() 함수 정의 : 분석 시간과 관측 시간이 일치하는
인덱스 값 찾기
def narr_match_date(adate, ty_date) :
    xs = len(ty_date)  # 관측 시간의 마지막 인덱스 값 할당
    for i, d in enumerate(ty_date) :  # enumerate() 함수 이용 인덱
스 값, 요소 값 반복
        if adate[4:] == d :  # 분석 시간과 관측 시간이 일치하면
            xs = i  # 인덱스 값, xs에 할당
    return(xs)  # 인덱스 값 반환

# -! narr_match_date() 함수 이용
# -! 리스트 ty_date 이용 분석 시작과 마지막 시간의 인덱스 값 찾기
ns = narr_match_date(tysdate, ty_date)
ne = narr_match_date(tyedate, ty_date) + 1

# -! 분석 시작과 마지막 시간의 인덱스 값 이용 태풍 관측 데이터 슬라이싱
ty_lon = ty_lon[ns : ne]; \
ty_lat = ty_lat[ns : ne]; \
ty_pmin = ty_pmin[ns : ne]
ty_date = ty_date[ns : ne]; \
ty_vmax = ty_vmax[ns : ne]; \
ty_cat = ty_cat[ns : ne]
```

슬라이싱한 태풍 관측 데이터는 하나의 구조체 배열로 만들기 위해 각 리스트를 배열로
변경한 후 zip() 함수로 묶어 줍니다. 튜플 a는 열(Column)별 이름과 자료 유형을 정의
하여 하나의 구조체 배열(tydata)로 저장합니다.

```
# -!  배열의 리스트로 구조체 배열 할당
a = [ np.array(ty_cat), np.array(ty_date),\
      np.array(ty_lat), np.array(ty_lon),\
      np.array(ty_pmin), np.array(ty_vmax) ]
names = 'ocat, odate, olat, olon, olat, opmin, ovmax'
formats = 'U1, U6, f8, f8, f8, f8'
tydata = np.core.records.fromarrays(a, names=names,\
                                  formats=formats)
```

형식		
np.array([list], dtype=[dtype], …)		
매개변수	설정하는 특성	옵션
[list]	배열 값	1차원 이상 배열/리스트
[dtype]	배열 자료 유형	None(기본)/([name], [format]) [name]: 자료 이름 [format]: 자료 형식

표 4-1. 리스트를 배열로 만들어 주는 np.array() 함수.

형식		
np.core.records.fromarrays ([list], names=names, formats=formats, …)		
매개변수	설정하는 특성	옵션
[list]	배열 값	1차원 이상 배열/리스트
names	자료 이름	None(기본)/names=names names: 배열의 컬럼 이름
formats	자료 유형	None(기본)/formats=formats formats: 배열의 컬럼별 자료 유형

표 4-2. 배열의 리스트를 기록형 배열로 만들어 주는 np.core.records.fromarrys() 함수.

구조체 배열 tydata의 결과를 확인해 보겠습니다. 프롬프트에서 tydata를 입력하면 다음과 같이 관측 시간에 따라 튜플 형태로 값이 나열되어 있습니다. 튜플 내에서는 열(Column)순으로 이름과 자료 유형도 함께 확인할 수 있습니다.

```
>>> tydata
array([('3', '070100', 15.4, 132.1, 1005., 18.5184),
       ('3', '070106', 17.1, 130.7, 1000., 18.004 ),
       ('3', '070112', 17.6, 129.2, 1000., 21.0904),
       ('4', '070118', 17.8, 127.9,  995., 24.6912),
       ('3', '070200', 18.1, 126.8,  996., 22.6336),
       ('4', '070206', 19.2, 125.9,  989., 25.72  ),
       ('4', '070212', 20.2, 124.8,  985., 33.9504),
       ('4', '070218', 20.9, 123.6,  981., 29.3208),
       ('5', '070300', 21.7, 123. ,  977., 35.4936),
       ('5', '070306', 22.9, 122.9,  973., 36.008 ),
       ('5', '070312', 24.6, 122.9,  963., 39.6088),
       ('5', '070318', 26.2, 122.5,  952., 40.1232),
       ('5', '070400', 27.5, 122.5,  966., 34.9792),
       ('4', '070406', 28.6, 122.2,  975., 30.864 ),
       ('4', '070412', 30. , 122.5,  981., 29.3208),
       ('4', '070418', 30.6, 122.8,  984., 24.6912),
       ('3', '070500', 32. , 124. ,  990., 23.148 ),
       ('3', '070506', 33.3, 124.7,  992., 20.576 ),
       ('3', '070512', 34.3, 126.4,  993., 19.5472),
       ('3', '070518', 35.8, 128.2,  994., 18.5184)],
      dtype=[('ocat', 'S3'), ('odate', 'S6'), ('olat', '<f4'), ('olon', '<f4'),
('opmin', '<f4'), ('ovmax', '<f4')])
```

태풍 예측자료 읽기는 읽은 예측 데이터에 사용자 정의 함수 fdata_append_odata_bydate()를 이용하여 관측 데이터를 합쳐 하나의 구조체 배열로 저장합니다. 읽기 전에 관측 시간 리스트는 월일시(mmddhh)에서 연월일시(yyyymmddhh) 형태로 다시 만들어 주고 읽을 열(Column)의 위치와 이름을 선언합니다. 태풍 관측 데이터와 예측 데이터 합치기는 사용자 정의 함수 fdata_append_odata_bydate()을 이용합니다. fdata_append_odata_bydate() 함수는 분석 기간을 반복하여 예측 데이터에 관측 데이터를 추가한 후 하나의 구조체 배열로 반환해 줍니다.

```
# -! 관측 시간 리스트 요소의 형태 변경 후 할당
tydate_list = [] # 리스트 초기화
for x in ty_date : # mmddhh 형태 반복
    tydate_list.append(''.join(['2020', x]))
```

```
                    # join() 함수 이용 yyyymmddhh 형태 변경 후 추가

# -! 태풍 예측자료에서 읽을 열의 위치, 이름 선언
usecols = (0, 1, 2, 3, 4) # 읽을 열의 위치 지정
names = ['fcst', 'flon', 'flat', 'fvmax', 'fpmin']
          # 읽을 열의 이름 지정

# -! fdata_append_odata_bydate() 함수 정의: 관측 시간 기준 예측 데이터
와 관측 데이터 합치기
def fdata_append_odata_bydate(date, fdata, tydata) :
    # 예측 시간의 태풍 관측 데이터 추출
    idata = ('XXX','999999', -1., -1., -1., -1.)
            # idata, 미씽값으로 초기화
    fdate_list, odata = [], [] # 리스트 초기화
    for i, hr in enumerate(fdata['fcst']) : # 예측 기간 반복
      dt = timedelta(hours=hr)  # timedelta() 함수 이용 더할 예측 기
간 할당
        idate = datetime.datetime(int(date[:4]), \
                                  int(date[4:6]), \
                                  int(date[6:8]), \
                                  int(date[8:])) + dt
              # datetime.datetime() 함수 이용 문자열을
시간 형태로 변경 후 예측 기간 더하기
        fdate = idate.strftime('%Y%m%d%H')  # 계산한 예측 시간 문자열
변환
        fdate_list.append(fdate) # 예측 시간 리스트에 추가
        idx = np.where(tydata['odate'] == fdate[4:])[0]
            # np.where() 함수 이용 tydata의 관측 시간 기준 인덱스 값 찾기
        if len(idx) == 1 : # 인덱스 값이 존재한다면
          odata.append(tydata[idx[0]]) # tydata 값 추가
        else : # 인덱스 값이 없으면
          odata.append(idata) # 미씽값 (idata) 추가
    fdata = append_fields(fdata, 'fdate', \
                          fdate_list, \
                          usemask=False)
            # 구조체 배열 fdata에 예측 시간 리스트 추가
    ff = list(zip(*fdata)); oo = list(zip(*odata))
            # 변수별 구분 후 zip() 함수 이용 묶기
```

```
    for o in oo : # odata 자료 반복
        ff.append(o) # fdata에 odata 추가
    fotype=np.dtype({ \
            'names':['fcst','flon','flat','fvmax',\
                    'fpmin','fdate','ocat','odate',\
                    'olon','olat','opmin','ovmax'],\
            'formats':['f8','f8','f8','f8','f8',\
                    'U10','U3','U6','f8','f8',\
                    'f8','f8'] }) # 배열의 컬럼별 이름과 자료유형 지정
    # 관측과 예측 데이터의 열별 이름과 자료유형 합치기
    ff = list(zip(*ff)) # 변수별 구분 후 다시 묶기
    fodata = np.array(ff, dtype = fotype) # 구조체 배열로 할당
    return fodata # 합친 예측과 관측 데이터의 구조체배열 반환

# -! 태풍 예측자료 읽기 : 읽은 예측과 관측의 데이터 구조체 배열, 딕셔너리로 할당
ctldata_dict = dict(); expdata_dict = dict() # 딕셔너리 초기화
for date in tydate_list : # 관측 시간 리스트 만큼 반복
    ctlf = "./data/CTL_TC"+tynum+"."+date # ctl실험 파일 지정
    expf = "./data/EXP_TC"+tynum+"."+date # exp실험 파일 지정
    if os.path.exists(ctlf) : # ctl 실험 파일이 존재하면 자료 처리
        ctldata = np.genfromtxt(ctlf, skip_header = 1, \
                    usecols = usecols, dtype = None, \
                    names = names)
            # np.genfromtxt() 함수 이용 구조체 배열로 읽기
        ctldata1 = fdata_append_odata_bydate(date,    \
                                            ctldata, \
                                            tydata)
                # fdata_append_odata_bydate() 함수 이용 예측
데이터와 관측 데이터 합치기
        ctldata_dict[date] = ctldata1 # 딕셔너리에 날짜별 구조체
배열을 할당
    if os.path.exists(expf) : # exp 실험 파일이 존재하면 자료 처리
        expdata = np.genfromtxt(expf, skip_header = 1, \
                                usecols = usecols, \
                                dtype = None, \
                                names = names)
        expdata1 = fdata_append_odata_bydate(date, \
```

```
                                                      expdata, \
                                                      tydata)
          expdata_dict[date] = expdata1
```

형식		
np.where([condition], …)		
매개변수	**설정하는 특성**	**옵션**
[condition]	조건	1차원 이상 배열 입력과 출력 형태: 배열

표 4-3. 조건에 따른 인덱스 값을 찾아 주는 np.where() 함수.

형식		
append_fields([base], [name], [data], usemask=[True], …)		
매개변수	**설정하는 특성**	**옵션**
[base]	입력 배열	1차원 이상 배열
[name]	새로운 필드의 이름	문자열
[data]	새로운 필드	1차원 이상 배열
usemask	masked 배열 반환 여부	True/False

표 4-4. 기존 배열에 새로운 필드를 추가하는 append_fields() 함수.

형식		
np.genfromtxt([fname], dtype=[dtype],₩ skip_header=[skip_header], usecols=[usecols],₩ names=[names], …)		
매개변수	**설정하는 특성**	**옵션**
[fname]	텍스트파일	문자열
dtype	배열 또는 열(Column) 자료 유형	None(기본)/([name], [format]) [name]: 자료 이름 [format]: 자료 형식
skip_header	파일의 스킵할 줄 수	(기본)/정수형 숫자

usecols	읽을 열(Column) 선언	None(기본)/([usecols]) [usecols] 예시: (1, 4, 5)
names	열(Column) 이름	None(기본)/True/문자열 리스트

표 4-5. 텍스트 파일을 읽는 np.genfromtxt() 함수.

딕셔너리(dictionary) ctldata_dict를 확인해 보겠습니다. 키(Key)는 날짜(시간)를 넣어 입력해 봅니다. 예를 들어, 프롬프트에서 ctldata_dict['2020070212']를 입력하면 다음과 같은 결과가 나옵니다.

```
>>> ctldata_dict['2020070212']
array([(  0, 124.8, 20.2, 33.2,  985.1, '2020070212', '4', '070212', 20.2, 124.8, 985., 33.9504),
       (  6, 123.4, 21.2, 31.5,  978.7, '2020070218', '4', '070218', 20.9, 123.6, 981., 29.3208),
       ( 12, 122.9, 21.9, 37.3,  972.3, '2020070300', '5', '070300', 21.7, 123. , 977., 35.4936),
       ( 18, 122.8, 23.3, 43.6,  958. , '2020070306', '5', '070306', 22.9, 122.9, 973., 36.008 ),
       ( 24, 122.4, 24.8, 44.9,  945.2, '2020070312', '5', '070312', 24.6, 122.9, 963., 39.6088),
       ( 30, 121.8, 25.8, 36.7,  964.7, '2020070318', '5', '070318', 26.2, 122.5, 952., 40.1232),
       ( 36, 121.6, 27.1, 39. ,  958.9, '2020070400', '5', '070400', 27.5, 122.5, 966., 34.9792),
       ( 42, 121.8, 28.3, 32.5,  965.3, '2020070406', '4', '070406', 28.6, 122.2, 975., 30.864 ),
       ( 48, 121.9, 29.2, 30.1,  976.7, '2020070412', '4', '070412', 30. , 122.5, 981., 29.3208),
       ( 54, 122.2, 30.3, 25.9,  984.5, '2020070418', '4', '070418', 30.6, 122.8, 984., 24.6912),
       ( 60, 123. , 31.4, 27.9,  984.9, '2020070500', '3', '070500', 32. , 124. , 990., 23.148 ),
       ( 66, 123.9, 33. , 28.1,  981. , '2020070506', '3', '070506', 33.3, 124.7, 992., 20.576 ),
       ( 72, 124.9, 34.3, 29.2,  979.9, '2020070512', '3', '070512', 34.3, 126.4, 993., 19.5472),
       ( 78, 125.8, 35.3, 27. ,  979.4, '2020070518', '3', '070518', 35.8, 128.2, 994., 18.5184),
       ( 84, 127. , 36.3, 23.8,  981.8, '2020070600', 'XXX', '999999', -1. , -1. , -1., -1.    ),
       ( 90, 128.2, 37. , 20.9,  986.8, '2020070606', 'XXX', '999999', -1. , -1. , -1., -1.    ),
       ( 96, 130. , 37.4, 21.4,  992.7, '2020070612', 'XXX', '999999', -1. , -1. , -1., -1.    ),
       (102, 131.2, 37.5, 21.3,  993.8, '2020070618', 'XXX', '999999', -1. , -1. , -1., -1.    ),
       (108, 132.4, 37.6, 21.2,  994.9, '2020070700', 'XXX', '999999', -1. , -1. , -1., -1.    ),
       (114, 133.8, 37.1, 20.3,  998.8, '2020070706', 'XXX', '999999', -1. , -1. , -1., -1.    ),
       (120, 135.1, 36.6, 19.3, 1002.5, '2020070712', 'XXX', '999999', -1. , -1. , -1., -1.    )],
      dtype=[('fcst', '<i8'), ('flon', '<f8'), ('flat', '<f8'), ('fvmax', '<f8'), ('fpmin', '<f8'), ('fdat
e', 'S10'), ('ocat', 'S3'), ('odate', 'S6'), ('olat', '<f4'), ('olon', '<f4'), ('opmin', '<f4'), ('ovmax',
'<f4')])
```

실험별 태풍 예측 오차는 키(Key)가 날짜인 ctldata_dict, expdata_dict를 이용합니다. 예측 오차 계산은 사용자 정의 함수 cal_tyOmF_bydate()을 이용합니다. cal_tyOmF_bydate() 함수는 날짜가 키(Key)인 예측 데이터와 관측 데이터로 예측 기간에 따라 예측 오차를 계산하여 반환해 줍니다. 또한 이 함수에는 관측과 예측의 태풍 중심 위·경도를 거리로 계산하는 사용자 정의 함수 distance()를 이용합니다. distance() 함수는 하버사인 방식으로 두 지점의 위·경도를 거리(km)로 계산하여 반환해 줍니다.

```
# -! distance() 함수 정의 : 하버사인 방식 기반 두 지점 위·경도 사이의 거리 계
산하기
def distance(origin, destination) :
    lat1, lon1 = origin # 시작점인 위·경도 선언
    lat2, lon2 = destination # 끝점인 위·경도 선언
    radius = 6371 # 지구 반지름(km) 할당
    toRad = math.atan(1.) / 45. # 라디안 단위 할당
    dlat = (lat2-lat1) * toRad # 위도 차이, 라디안 단위 변환
    dlon = (lon2-lon1) * toRad # 경도 차이, 라디안 단위 변환
    a = math.sin(dlat / 2.) * math.sin(dlat / 2)  \
      + math.cos(lat1 * toRad) \
      * math.cos(lat2 * toRad) \
      * math.sin(dlon / 2.) \
      * math.sin(dlon / 2.) # 거리 계산
    c = 2 * math.atan2(math.sqrt(a), \
                       math.sqrt(1. - a))
    d = radius * c # 지구 반지름 곱하기
    return d # 거리 값 반환

# -! cal_tyOmB_bydata() 함수 정의 : 시간순 예측 오차 계산
def cal_tyOmF_bydate(fdata_dict, tydate_list) :
    tyOmF = dict() # 딕셔너리 초기화
    for date in tydate_list :
        date_list, fcst_list, dis_list, pmin_list, \
        vmax_list =[], [], [], [], [] # 리스트 초기화
        for i in fdata_dict[date] :
            if not 'XXX' in i : # 미씽값이 아니면 다음을 수행
                dis = distance((i['olat'], i['olon']), \
                               (i['flat'], i['flon']))
                        # 관측과 예측의 태풍 중심 위치 사이의 거리 계산
                pmin = i['opmin'] - i['fpmin'] # 중심기압 오차 계산
                vmax = i['ovmax'] - i['fvmax'] # 최대풍속 오차 계산
            else : # 미씽값이면
                dis = np.nan; pmin = np.nan; vmax = np.nan
                    # NaN 값 할당
            dis_list.append(dis); \
            pmin_list.append(pmin); \
            vmax_list.append(vmax); \
```

```
        fcst_list.append(i['fcst']); \
        date_list.append(i['fdate'])
    zipOmF = list(zip(np.array(date_list), \
                      np.array(fcst_list), \
                      np.array(dis_list),  \
                      np.array(pmin_list), \
                      np.array(vmax_list)))
                # 리스트, 배열 변경, 변수별 구분 후 다시 묶기
    dtype =[('date', 'S10'), ('fcst', '<i8'),\
            ('dis', '<f8'), ('pmin', '<f8'),\
            ('vmax', '<f8')]
    OmF = np.array(zipOmF, dtype = dtype)
    tyOmF[date] = OmF
  return tyOmF

# -! cal_tyOmF_bydate() 함수 이용 딕셔너리별 예측 오차 계산하기
ctltyOmF = cal_tyOmF_bydate(ctldata_dict, tydate_list)
exptyOmF = cal_tyOmF_bydate(expdata_dict, tydate_list)
```

함수	설정하는 특성
atan()	탄젠트의 역함수
sin()	사인함수
cos()	코사인함수
atan2()	atan(y/x) 함수
sqrt()	제곱근함수

표 4-6. Math() 관련 함수.

딕셔너리(dictionary) 태풍 예측 오차 ctltyOmF를 확인해 보겠습니다. 프롬프트에서 ctltyOmF['2020070212']를 입력하면 다음과 같습니다. 태풍 예측 오차는 구조체 배열 내 변수별로 6시간 간격에 따라 계산된 값을 확인할 수 있습니다. 태풍 예측 오차는 관측 데이터와 예측 데이터가 모두 존재할 때만 계산하게 되어 있어 계산 조건을 만족하지 않으면 NaN 값이 출력됩니다.

```
>>> ctltyOmF['2020070212']
array([('2020070212',    0, 3.29573932e-04,   -0.1,  0.75040131),
       ('2020070218',    6, 3.92880323e+01,    2.3, -2.17919922),
       ('2020070300',   12, 2.45185547e+01,    4.7, -1.80640106),
       ('2020070306',   18, 4.56388771e+01,   15. , -7.59200058),
       ('2020070312',   24, 5.51898085e+01,   17.8, -5.29120102),
       ('2020070318',   30, 8.29005696e+01,  -12.7,  3.42319946),
       ('2020070400',   36, 9.94309880e+01,    7.1, -4.02080154),
       ('2020070406',   42, 5.14011526e+01,    9.7, -1.63599968),
       ('2020070412',   48, 1.06198921e+02,    4.3, -0.77919922),
       ('2020070418',   54, 6.64887500e+01,   -0.5, -1.20879974),
       ('2020070500',   60, 1.15763493e+02,    5.1, -4.75199928),
       ('2020070506',   66, 8.16063874e+01,   11. , -7.52399979),
       ('2020070512',   72, 1.37785800e+02,   13.1, -9.65280075),
       ('2020070518',   78, 2.24123905e+02,   14.6, -8.48159981),
       ('2020070600',   84,            nan,    nan,         nan),
       ('2020070606',   90,            nan,    nan,         nan),
       ('2020070612',   96,            nan,    nan,         nan),
       ('2020070618',  102,            nan,    nan,         nan),
       ('2020070700',  108,            nan,    nan,         nan),
       ('2020070706',  114,            nan,    nan,         nan),
       ('2020070712',  120,            nan,    nan,         nan)],
      dtype=[('date', 'S10'), ('fcst', '<i8'), ('dis', '<f8'), ('pmin', '<f8'), ('vmax', '<f8')])
```

관측 시간에 따라 예측 기간순으로 오차를 구하였습니다. 이제 오차는 분석 기간을 평균
해야 합니다. 평균하기 전에 관측 시간, 예측 기간순의 데이터는 예측 기간, 관측 시간순
으로 정렬합니다. 정렬은 사용자 정의 함수 chkey_date2fcsthr_tyOmF()를 이용합니
다. chkey_date2fcsthr_tyOmF() 함수는 예측 기간에 따라 관측 시간 순으로 정렬하여
딕셔너리 오차와 예측 기간 리스트를 반환해 줍니다.

```
# -! chkey_date2fcsthr_tyOmF() 함수 정의:오차 값, 예측기간순 정렬
def chkey_date2fcsthr_tyOmF(tyOmF, tydate_list) :
    fcsthr = tyOmF[tydate_list[0]]['fcst']
                # 딕셔너리 이용 예측 기간 리스트 할당
    ftyOmF = dict() # 딕셔너리 초기화
    for hr in fcsthr : # 예측 기간 반복
        hr_date, hr_fcst,  hr_dis,  hr_pmin, \
        hr_vmax = [], [], [], [], [] # 리스트 초기화
        for date in tydate_list : # 관측 시간 반복
            idx = np.where(tyOmF[date]['fcst'] == hr)[0]
                    # 예측 기간 기준 인덱스 값 찾기
            if len(idx) >= 1: # 인덱스 값이 있다면 리스트별 값 추가
                hr_date.append(tyOmF[date][idx]['date'][0])
                hr_fcst.append(tyOmF[date][idx]['fcst'][0])
```

```
        hr_dis.append(tyOmF[date][idx]['dis'][0])
        hr_pmin.append(tyOmF[date][idx]['pmin'][0])
        hr_vmax.append(tyOmF[date][idx]['vmax'][0])
    ziphr = list(zip(np.array(hr_date), \
                    np.array(hr_fcst), \
                    np.array(hr_dis), \
                    np.array(hr_pmin), \
                    np.array(hr_vmax)))
    dtype = [('date', 'S10'), ('fcst', '<i8'),\
            ('dis', '<f8'), ('pmin', '<f8'),\
            ('vmax', '<f8')]
    OmF = np.array(ziphr, dtype = dtype)
    ftyOmF[str(hr)] = OmF # 딕셔너리에 예측 기간별 구조체 배열 할당
  return ftyOmF, fcsthr

# -! chkey_date2fcsthr_tyOmF() 함수 이용 예측 기간별 관측 시간순 정렬한
딕셔너리 할당
ctlftyOmF, fcsthr = chkey_date2fcsthr_tyOmF(ctltyOmF,\
                                                tydate_list)
expftyOmF, fcsthr = chkey_date2fcsthr_tyOmF(exptyOmF,\
                                                tydate_list)
```

키(Key)는 날짜가 아닌 예측 기간인 딕셔너리 ctlftyOmF를 확인해 보겠습니다. 프롬프트에서 ctlftyOmF['0']을 입력하면 관측 시간에 따라 나열된 값을 확인할 수 있습니다.

```
>>> ctlftyOmF['0']
array([('2020070100', 0, 6.55685714e-04, -0.2, 0.21840019),
       ('2020070106', 0, 3.27100738e-04,  0. , 0.30399971),
       ('2020070112', 0, 3.26225134e-04,  0.5, 0.3904007 ),
       ('2020070118', 0, 1.82468255e-04,  0. , 0.49120026),
       ('2020070200', 0, 3.25325150e-04,  0.3, 0.33360023),
       ('2020070206', 0, 1.81304651e-04,  0.4, 0.71999931),
       ('2020070212', 0, 3.29573932e-04, -0.1, 0.75040131),
       ('2020070218', 0, 1.64083954e-04,  0.3, 0.82080078),
       ('2020070300', 0, 8.48349966e-05,  0.1, 0.99359894),
       ('2020070306', 0, 1.61951101e-04,  0.4, 0.70799942),
       ('2020070312', 0, 1.59995321e-04, -0.4, 0.70879898),
       ('2020070318', 0, 8.48349966e-05,  0.2, 0.92319946),
       ('2020070400', 0, 0.00000000e+00, -0.1, 0.97919846),
       ('2020070406', 0, 3.00939110e-04, -0.2, 0.86400032),
       ('2020070412', 0, 0.00000000e+00,  0.1, 0.82080078),
       ('2020070418', 0, 2.95148126e-04, -0.1, 0.49120026),
       ('2020070500', 0, 0.00000000e+00,  0.4, 0.34800072),
       ('2020070506', 0, 2.96038685e-04, -0.5, 0.37600021),
       ('2020070512', 0, 1.63838180e-04, -0.1, 0.14719925),
       ('2020070518', 0, 2.88004409e-04, -0.1, 0.31840019)],
      dtype=[('date', 'S10'), ('fcst', '<i8'), ('dis', '<f8'), ('pmin', '<f8'), ('vmax', '<f8')])
```

분석 기간 평균은 예측 기간순으로 정렬한 딕셔너리(dictionary) 예측 오차와 예측 기간 리스트를 이용하여 구합니다. 평균은 사용자 정의 함수 cal_mean_ftyOmF()를 이용하여 구합니다. cal_mean_ftyOmF() 함수는 예측 시간에 따라 존재하는 기간에 대해 NaN 값을 무시하고 평균하여 그 값을 반환해 줍니다.

```
# -! cal_mean_ftyOmF() 함수 정의 : 예측 기간별 오차 평균
def cal_mean_ftyOmF(ftyOmF, fcsthr) :
    str_fcsthr = map(str, fcsthr) # map() 함수 이용 예측 기간 리스트,
문자열로 변환
    dis, pmin, vmax = [], [], [] # 리스트 초기화
    for hr in str_fcsthr :
        d = np.nanmean(ftyOmF[hr]['dis'])
                # np.nanmean() 함수 이용 평균(NaN 값 무시)
        p = np.nanmean(ftyOmF[hr]['pmin'])
        v = np.nanmean(ftyOmF[hr]['vmax'])
        dis.append(d); pmin.append(p); vmax.append(v)
    ziparr = list(zip(np.array(fcsthr), np.array(dis),\
                    np.array(pmin), np.array(vmax)))
    dtype = [('fcst', '<i8'),('dis', '<f8'), \
            ('pmin', '<f8'), ('vmax', '<f8')]
    mean = np.array(ziparr, dtype = dtype)
    return mean

# -! cal_mean_ftyOmF() 함수 이용 예측 기간별 분석기간 평균오차 계산
ctl=cal_mean_ftyOmF(ctlftyOmF, fcsthr)
exp=cal_mean_ftyOmF(expftyOmF, fcsthr)
```

형식		
np.nanmean([array], ...)		
매개변수	설정하는 특성	옵션
[array]	배열	1차원 이상 배열

표 4-7. NaN 값을 무시하고 평균하는 np.nanmean() 함수.

예측 기간에 따른 분석 기간 평균 오차 ctl를 확인해 보겠습니다. 프롬프트에서 ctl을 입력하면 예측 기간에 따라 6시간 간격으로 분석 기간을 평균한 오차 값을 확인할 수 있습니다. 예측 120시간의 오차 값은 NaN 값이 출력되었습니다. 이 값은 시간 조건을 만족하는 값이 한 개도 없어 평균하여도 NaN 값이 저장되어 이후 차트에 표시되지 않습니다.

```
>>> ctl
array([(   0, 2.16367623e-04,   0.045     ,   0.58535997),
       (   6, 4.30867780e+01,  2.26315789,  -0.78480004),
       (  12, 5.87237764e+01,  3.93888889,  -1.28973336),
       (  18, 6.51370966e+01,  4.84705882,  -2.04150595),
       (  24, 8.18466256e+01,  6.5125    ,  -3.45605009),
       (  30, 8.54546881e+01,  7.57333333,  -3.62202677),
       (  36, 9.68103690e+01,  7.45      ,  -3.71788578),
       (  42, 1.14985311e+02,  8.31538462,  -4.84621556),
       (  48, 1.23248959e+02,  8.45833333,  -5.26846692),
       (  54, 1.22959110e+02,  9.40909091,  -5.21956381),
       (  60, 1.18484081e+02,  8.79      ,  -5.49232014),
       (  66, 1.72662241e+02,  9.56666667,  -6.11466671),
       (  72, 2.32452357e+02, 12.925     ,  -7.68189998),
       (  78, 3.00352412e+02, 16.95714286,  -9.99062832),
       (  84, 3.85557967e+02, 19.83333333, -11.5497331 ),
       (  90, 3.82479305e+02, 23.2       , -10.13813311),
       (  96, 5.12605253e+02, 23.25      , -11.70240002),
       ( 102, 5.20366905e+02, 21.15      , -11.9027998 ),
       ( 108, 6.29278675e+02, 19.5       , -11.15280075),
       ( 114, 5.82117727e+02, 20.8       , -12.28159981)],
       ( 120,            nan,         nan,          nan)],
      dtype=[('fcst', '<i8'), ('dis', '<f8'), ('pmin', '<f8'), ('vmax', '<f8')])
```

중심기압, 최대풍속, 중심위치의 평균 예측 오차를 이용하여 막대차트를 그려야 합니다. 막대차트를 그리기 전에 그림에 표시할 예측 기간 라벨리스트를 만들고 그림에 표시할 정보도 함께 선언합니다. 예측 기간 라벨리스트는 사용자 정의 함수 make_fcst_hr_labels()를 이용합니다. make_fcst_hr_labels() 함수는 정수형 예측 기간 리스트를 문자열의 예측 기간 라벨 리스트로 반환해 줍니다.

```
# -! make_fcst_hr_labels () 함수 정의 : 예측기간 라벨리스트 만들기
def make_fcst_hr_labels(shr, ehr, ihr) :
    fcst_hr = np.arange(shr, ehr, ihr)
            # 예측 시작, 끝, 간격 이용 예측 기간 리스트 할당
    fcsthr_labels = [] # 리스트 초기화
    for i in np.arange(len(fcst_hr)) :
        if fcst_hr[i] < 10 : # 예측 10시간 이하면
```

```
            fcsthr_label = "0" + str(fcst_hr[i]) + "h"
                                  # 두 자리 문자열 할당
        else : # 예측 10시간 이상이면 다음과 같이 할당
            fcsthr_label = str(fcst_hr[i]) + "h"
        fcsthr_labels.append(fcsthr_label)
    return fcst_hr, fcsthr_labels

# -! make_fcst_hr_labels () 함수 이용 예측 기간 라벨 리스트 할당
fcst_hr, xticks_labels = make_fcst_hr_labels(0, 121, 6)

# -! 선언한 x축 중심 기준 막대의 위치 선언
xticks_xpos = np.arange(1, len(fcsthr) + 1, 1)
                        # 예측 기간만큼 x축 위치 지정
xposa = [x - 0.25 for x in xticks_xpos]
```

평균 예측 오차 막대 차트는 중심위치, 중심기압, 최대풍속을 변수리스트(varlist)로 선언하고 변수순으로 이름과 y축 조정 값을 함께 지정하면 순차적으로 그림 4-1을 완성합니다. 이때 그림의 해상도를 위해 변수별로 그림을 그리고 저장합니다.

```
# -! 변수별 정보 선언
varlist = ['dis', 'pmin', 'vmax']
vlabellist = ['Direct position error (km)', \
              'Central pressure absolute error (hPa)', \
              'Maximum wind speed absolute error (m/s)']
dylist = [10, 5, 2]
ylist = [255, 8, 15]

# -! 막대 차트 그리기
for iv, var in enumerate(varlist) :
    # np.absolute() 함수 이용 평균오차, 절대값 변경
    ectl = np.absolute(ctl[var])
    eexp = np.absolute(exp[var])
    # min(), max() 함수 이용 절대평균오차의 최소, 최대값 구하기
    dmin = min([np.nanmin(ectl), np.nanmin(eexp)])
```

```
dmax = max([np.nanmax(ectl), np.nanmax(eexp)])
# 막대 그리기
fig = plt.figure(figsize=(11,8))
plt.bar(xposa, ectl, width = 0.25, \
        color = 'blue', align = 'edge', \
        label = 'CTL')
plt.bar(xticks_xpos, eexp, width = 0.25, \
        color = 'red', align = 'edge', \
        label = 'EXP')
# 막대 차트 꾸미기 및 정보 표시
plt.xlim(0, len(fcsthr) + 1) # x축 범위 지정
plt.ylim(0, dmax + dylist[iv]) # y축 범위 지정
plt.xticks(xticks_xpos[::2],xticks_labels[::2],\
        fontsize = 22.) # x축 눈금 라벨 표시
plt.yticks(fontsize = 22.) # y축 눈금 라벨 크기 지정
plt.grid(True, linestyle = ':') # 격자선 표시
plt.xlabel('Lead time (hours)', fontsize=22.)
    # x축 제목 지정 및 표시
plt.ylabel(vlabellist[iv], fontsize=22.)
    # y축 제목 지정 및 표시
plt.title(tyname, fontsize = 25.) # 그림 제목 지정 및 표시
plt.legend(loc='best', fontsize = 'x-large')
    # 범례 표시
plt.savefig("fig_4_1_"+var+".png") # 그림 저장
plt.show() # 그림 확인
```

형식		
plt.bar([x], [y], width=0.8, align='center', color=[color], label=[label], ...)		
매개변수	설정하는 특성	옵션
[x]	x축의 막대 위치	리스트
[y]	y축, 막대 높이	리스트
width	막대 넓이	스칼라 값
align	x축 막대 위치	'center'/'edge'
color	막대 색	문자열
label	막대 라벨	문자열

표 4-8. 막대차트를 그리는 plt.bar() 함수.

4-2. 태풍 진로도

태풍 진로도는 태풍 사례 기간 혹은 수치모델의 예측 기간에 대해 예측 태풍 중심 위치를 관측 태풍 중심 위치와 함께 표시합니다. 이 분석은 태풍이 지나온 위치와 상륙할 예측 위치를 알 수 있고 예측 태풍 위치와 실제 위치의 차이를 비교할 수 있습니다. 그림 4-2는 2020년 7월 1일 00UTC에 2020년 0호 가상 태풍 TYPHOON 1에 대한 관측 진로와 두 실험(CTL, EXP)의 예측 진로를 함께 그린 차트입니다. 검은 실선은 관측, 파란 점선은 CTL 실험, 빨간 실선은 EXP 실험입니다. 이 그림의 마커는 태풍 등급에 따라 다르게 표시하였습니다.

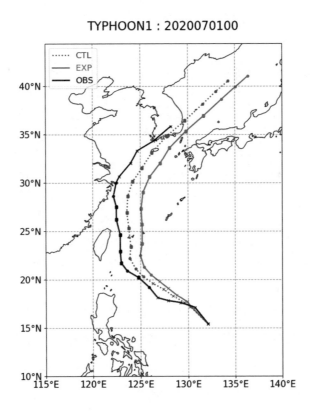

그림 4-2. 2020 년 0호 가상 태풍 TYPHOON 1 사례의
2020년 7월 1일 00 UTC의 진로도 비교(■: TY급, ●: STS급, X: TS급).

그림 4-2 차트는 2020년 0호 가상 태풍 TYPHOON 1에 대해 태풍 관측자료와 지정한 7월 1일 00 UTC의 태풍 예측자료를 읽어 예측 0시부터 120시간까지 6시간 간격으로 꺾은선과 마커를 이용하여 그리는 과정을 수행합니다. 여기서 마커는 태풍 위치를 나타내기도 하지만 지정한 마커 유형은 태풍 등급도 나타낼 수 있습니다. 진행 순서는 다음과 같습니다.

---

1) 태풍 예측자료 및 관측자료 읽기
2) 태풍 예측 기간에 해당하는 관측 데이터 슬라이싱하기
3) 최대풍속 이용 태풍 등급별 마커 지정하기
4) 태풍 진로도 그리기

먼저 필요한 라이브러리와 인터페이스를 호출합니다.

```
# -! 라이브러리 및 인터페이스 호출
import os
import numpy as np
import datetime
from datetime import timedelta
from numpy.lib.recfunctions import append_fields
import matplotlib.pyplot as plt
import cartopy.crs as ccrs
import matplotlib.ticker as mticker
from cartopy.mpl.ticker import LongitudeFormatter, \
                               LatitudeFormatter
```

4-1절에서는 태풍 관측자료를 먼저 읽었지만 이 절에서는 태풍 예측 기간에 대한 진로도를 그려야 하므로 예측자료를 먼저 읽습니다. 태풍 예측자료 읽기는 4-1절보다 간단하게 np.genfromtxt() 함수를 이용하여 구조체 배열로 저장합니다 읽기 전에 분석 시간과 읽을 열(Column)의 위치와 이름을 선언합니다.

```
# -! 태풍번호, 분석 시간, 태풍 예측자료에서 읽을 열(Column)의 위치와 이름 선언
tynum = "2000" # 태풍 발생연도, 번호 지정
date = "2020070100"
usecols = (0, 1, 2, 3, 4)
names = ['fcst', 'flon', 'flat', 'fvmax', 'fpmin']

# -! 태풍 예측자료 파일 선언 및 읽기
ctlf = "./data/CTL_TC"+tynum+"."+date   # ctl실험 파일 지정
expf = "./data/EXP_TC"+tynum+"."+date   # exp실험 파일 지정
if os.path.exists(ctlf) : # ctl 실험 파일이 존재하면 자료처리
    ctldata = np.genfromtxt(ctlf, skip_header = 1,\
                            usecols = usecols, \
                            dtype = None, \
                            names = names)
        # np.genfromtxt() 함수 이용 구조체 배열로 읽기

if os.path.exists(expf) : # exp 실험 파일이 존재하면 자료처리
    expdata = np.genfromtxt(expf, skip_header = 1, \
                            usecols = usecols, \
                            dtype = None, \
                            names = names)
```

형식		
np.genfromtxt([fname], dtype=[dytpe],₩ 　　　　skip_header=[skip_header],₩ 　　　　usecols=[usecols], names=[names],₩ 　　　　unpack=[True], ...)		
매개변수	**설정하는 특성**	**옵션**
[fname]	텍스트파일	문자열
dtype	결과 배열 또는 열(Column) 자료 유형	None(기본)/([name], [format]) [name]: 자료 이름 [format]: 자료 형식
skip_header	파일의 스킵할 줄 수	0(기본)/정수형 숫자
usecols	읽을 열(Column) 선언	None(기본)/([usecols]) [usecols] 예시: (1, 4, 5)
names	열(Column) 이름	None(기본)/True/문자열 리스트

표 4-9. 텍스트 파일을 읽는 np.genfromtxt() 함수.

태풍 예측 자료에서 읽은 예측 데이터인 구조체 배열 ctldata를 확인해 보겠습니다. 프롬프트에서 ctldata을 입력하면 예측 기간에 따라 예측한 태풍의 위·경도, 최대풍속, 최소해면기압을 확인할 수 있습니다.

```
>>> ctldata
array([(  0, 132.1, 15.4, 18.3, 1005.2), (  6, 130.2, 17.2, 19.1, 1000.3),
       ( 12, 129.6, 17.6, 18.6, 1001. ), ( 18, 128.4, 18.3, 20. ,  997.1),
       ( 24, 127.4, 19. , 22. ,  997.3), ( 30, 126.3, 19.6, 23.4,  992. ),
       ( 36, 125.3, 20.3, 26.6,  990.5), ( 42, 124.5, 21.1, 29.2,  985.5),
       ( 48, 123.9, 22.2, 32.4,  981.8), ( 54, 124. , 23.4, 36.5,  973.6),
       ( 60, 123.8, 25.3, 40.2,  966.8), ( 66, 123.6, 26.9, 41.3,  954.2),
       ( 72, 123.7, 28.6, 40.2,  951.1), ( 78, 124.2, 30.1, 38.7,  956.1),
       ( 84, 125.2, 31.5, 36.7,  958.5), ( 90, 126.2, 33.1, 37.9,  959. ),
       ( 96, 127.8, 34.8, 37.2,  962. ), (102, 129.7, 36.4, 33.9,  967.8),
       (108, 131.6, 38.1, 30.7,  973.5), (114, 133. , 39.4, 30.8,  973.2),
       (120, 134.3, 40.5, 30.9,  972.7)],
      dtype=[('fcst', '<i8'), ('flon', '<f8'), ('flat', '<f8'), ('fvmax', '<f8'), ('fpmin', '<f8')])
```

태풍 관측자료 읽기는 헤더 지표인 99999와 태풍정보 지표인 111을 이용하여 태풍 이름, 관측 시간, 등급, 중심 위·경도, 최대풍속, 최소해면기압을 읽습니다. 태풍 관측자료는 4-1절과 동일한 자료로 4-1절에서 읽은 방법으로 처리합니다. 여기서도 remove_blank5list() 함수로 공백 요소를 제거한 후 자료를 처리합니다.

```python
# -! 태풍 관측자료 파일 선언
tyobsf = "./data/ObsTrack.TC"+tynum # 폴더, 파일 지정

# -! remove_blank5list() 함수 정의: 리스트의 공백 요소 제거
def remove_blank5list(list) :
    newlist = []
    for l in list :
        if not '' == l :
            newlist.append(l)
    return newlist

# -! 태풍 관측자료 파일 읽기
f = open(tyobsf, 'r') # 파일 열기
list = f.readlines() # 파일의 라인별 내용 읽기
```

```
list = [l.strip() for l in list] # 라인별 오른쪽 공백 제거
ty_cat, ty_name, ty_date, ty_lat, ty_lon, ty_pmin, \
ty_vmax = [], [], [], [], [], [], [] # 리스트 초기화
for i in np.arange(np.shape(list)[0]) :
    if '99999' in list[i] : # 99999 지표 이용 헤더 구분
        ilist = list[i].split(" ")   # 문자열, 공백 구분
        header = remove_blank5list(ilist)
                # remove_blank5list() 함수 이용 공백 요소 제거
        tyname = header[7] # 태풍 이름 할당
        nline = int(header[2]) # 관측 데이터 수 할당
        for j in range(nline+1) : # 관측 데이터 수 반복
            dataline = remove_blank5list( \
                                list[i+j].split(" "))
                    # remove_blank5list() 함수 이용 공백 요소 제거
            if '111' in dataline[1] : # 111 이용 데이터라인 구분
                ty_date.append(dataline[0][2:]) # 관측 시간
                ty_cat.append(dataline[2]) # 등급
                ty_lat.append(float(dataline[3])*0.1)
                    # 중심 위도
                ty_lon.append(float(dataline[4])*0.1)
                    # 중심 경도
                ty_vmax.append(float(dataline[5])*0.5144)
                    # 최대풍속
                ty_pmin.append(float(dataline[6]))
                    # 최소해면기압

del(list)
```

이 절에서는 분석 기간이 아닌 분석 시간의 예측 시작과 마지막 시간의 기간으로 지정하여 태풍 관측 데이터를 슬라이싱합니다. 우선 예측 시간을 날짜로 계산하고 관측 시간과 일치하는 인덱스 값을 찾아 줍니다. 이때 사용자 정의 함수 cal_date_byfcsthr(), narr_match_date ()을 이용합니다. cal_date_byfcsthr()은 분석 시간과 예측 기간을 예측 시간을 계산하여 반환해 줍니다. narr_match_date()은 예측 시간과 일치하는 관측 시간의 인덱스 값을 찾아 반환해 줍니다.

```
# -! cal_date_byfcsthr()  함수 정의 : 예측 기간의 날짜 계산
def cal_date_byfcsthr(date, hr) :
    dt = timedelta(hours=hr)
        # timedelta() 함수 이용 예측 기간 할당
    idate = datetime.datetime(int(date[:4]), \
                              int(date[4:6]), \
                              int(date[6:8]), \
                              int(date[8:])) + dt
        # 지정한 시간 기준 시간 계산
    fdate = idate.strftime('%Y%m%d%H') # 문자열 변환
    return fdate   # 예측 시간 반환

# -! narr_match_date () 함수 정의: 관측 시간 기준 예측 시간의 인덱스 값 찾기
def narr_match_date(adate, ty_date) :
    xs = len(ty_date) # 관측 시간의 마지막 인덱스 값 할당
    for i, d in enumerate(ty_date) : # enumerate() 함수 이용 인덱
스 값, 요소 값 반복
        if adate[4:] == d : # 예측 시간과 관측 시간이 일치하면
            xs = i # 인덱스 값, xs에 할당
    return(xs)  # 인덱스 값 반환

# -! cal_date_byfcsthr() 함수 이용: 예측 시작과 마지막 시간 계산
tysdate = cal_date_byfcsthr(date, ctldata['fcst'][0]);
tyedate = cal_date_byfcsthr(date, ctldata['fcst'][-1])

# -! narr_match_date() 함수 이용: 관측시간 기준 예측 시작과 마지막 시간의
인덱스 값 찾기
ns = narr_match_date(tysdate, ty_date)
ne = narr_match_date(tyedate, ty_date) + 1

# -! 예측 시작과 마지막 날짜의 인덱스 값 이용 태풍 관측 데이터 슬라이싱
ty_lon = ty_lon[ns : ne]; \
ty_lat = ty_lat[ns : ne]; \
ty_pmin = ty_pmin[ns : ne]
ty_date = ty_date[ns : ne]; \
ty_vmax = ty_vmax[ns : ne]; \
ty_cat = ty_cat[ns : ne]
```

슬라이싱한 값 중에 날짜(ty_date), 위경도(ty_lat, ty_lon)의 값을 확인하면 다음과 같이 출력됩니다.

```
>>> ty_date
['070100', '070106', '070112', '070118', '070200', '070206', '070212', '070218', '070300', '070306', '
070312', '070318', '070400', '070406', '070412', '070418', '070500', '070506', '070512', '070518']
>>> ty_lat
[15.4, 17.1, 17.6, 17.8, 18.1, 19.200000000000003, 20.200000000000003, 20.900000000000002, 21.70000000
0000003, 22.900000000000002, 24.6, 26.200000000000003, 27.5, 28.6, 30.0, 30.6, 32.0, 33.30000000000000
4, 34.300000000000004, 35.800000000000004]
>>> ty_lon
[132.1, 130.70000000000002, 129.20000000000002, 127.9, 126.80000000000001, 125.9, 124.80000000000001,
123.60000000000001, 123.0, 122.9, 122.9, 122.5, 122.5, 122.2, 122.5, 122.80000000000001, 124.0, 124.7,
126.4, 128.20000000000002]
```

진로도의 태풍 등급에 따라 표시를 다르게 하려면 태풍 관측 데이터의 태풍 등급과 예측 데이터의 최대풍속으로 태풍 등급별로 마커(marker) 유형을 할당합니다. 마커(marker) 유형 할당은 사용자 정의 함수 ext_ms_tycat1()을 이용합니다. ext_ms_tycat1() 함수는 최대풍속 값을 입력하면 해당하는 태풍 등급을 반환해 줍니다.

```
# -! ext_ms_tycat1() 함수 정의 : 최대풍속 이용 태풍등급별 마커 할당
def ext_ms_tycat1(vmax) :
    if not vmax == -1 : # 미씽값이 아니면 다음을 수행
      if vmax >= 33.0 : # TY 급
          return('s')
      elif vmax < 33.0 and vmax >= 25.0 : # STS 급
          return('o')
      elif vmax < 25.0 and vmax >= 17.0 : # TS 급
          return('x')
      elif vmax < 17.0 :
          return('*')
      else :
          return('2')
    else :
      return('2')

# -! ext_ms_tycat1() 함수, 최대풍속 이용: ctl 마커 리스트 할당
ms4=[]
```

```
for i, ws in enumerate(ctldata['fvmax']) :
    # ext_ms_tycat1() 함수 이용 예측 최대풍속의 태풍 등급별    마커 할당 후
리스트에 추가
    ms4.append(ext_ms_tycat1(ws))

# -! ext_ms_tycat1() 함수, 최대풍속 이용 exp 마커 리스트 할당
ms1=[]
for i, ws in enumerate(expdata['fvmax']) :
    ms1.append(ext_ms_tycat1(ws))

# -! ext_ms_tycat1() 함수, 태풍 등급 이용: 관측 마커 리스트 할당
mso=[]
for i, c in enumerate(ty_vmax) :
    mso.append(ext_ms_tycat1(c))
```

ms4와 mso의 값을 확인해 보면 예측과 관측의 최대풍속에 따라 태풍 등급의 마커
(marker)가 다르게 할당되었습니다.

```
>>> ctldata['fvmax']
array([18.3, 19.1, 18.6, 20. , 22. , 23.4, 26.6, 29.2, 32.4, 36.5, 40.2,
       41.3, 40.2, 38.7, 36.7, 37.9, 37.2, 33.9, 30.7, 30.8, 30.9])
>>> ms4
['x', 'x', 'x', 'x', 'x', 'x', 'o', 'o', 'o', 's', 's', 's', 's', 's', 's
', 's', 's', 's', 'o', 'o', 'o']
>>> ty_vmax
[18.5184, 18.003999999999998, 21.0904, 24.6912, 22.633599999999998, 25.72
, 33.950399999999995, 29.3208, 35.4936, 36.007999999999996, 39.6087999999
99995, 40.1232, 34.9792, 30.863999999999997, 29.3208, 24.6912, 23.148, 20
.576, 19.5472, 18.5184]
>>> mso
['x', 'x', 'x', 'x', 'x', 'o', 's', 'o', 's', 's', 's', 's', 's', 'o', 'o
', 'x', 'x', 'x', 'x', 'x']
```

진로도는 Cartopy 지도 라이브러리와 할당된 태풍 등급에 따른 마커(marker)를 이용하
여 그림 4-2를 완성합니다.

```python
# -! 진로도 그리기
fig = plt.figure(figsize = (8, 10))

# Cartopy 지도 그리기
ax = fig.add_subplot(1,1,1, \
                    projection=ccrs.PlateCarree())
ax.set_extent([115, 140, 10, 44]) # 영역 제한
ax.coastlines(resolution='50m', color='black', \
            linewidth=1) # 해안선 표시
gl = ax.gridlines(crs=ccrs.PlateCarree(), \
                    linewidth=1, color='black', \
                    alpha=0.5, linestyle='--', \
                    draw_labels=False) # 격자자선 표시
gl.top_xlabels = False; \
gl.right_ylabels = False # 위·경도 표시
gl.xlocator = mticker.FixedLocator( \
                            np.arange(115, 141, 5))
gl.ylocator = mticker.FixedLocator( \
                            np.arange(10, 46, 5))
ax.set_xticks(np.arange(115, 141, 5), \
            crs=ccrs.PlateCarree())
ax.set_yticks(np.arange(10, 45, 5), \
            crs=ccrs.PlateCarree())
ax.set_xticklabels(np.arange(115, 141, 5), \
                    fontsize=15.)
ax.set_yticklabels(np.arange(10, 45, 5), \
                    fontsize=15.)
lon_formatter = LongitudeFormatter( \
                                number_format='.0f', \
                                degree_symbol='o', \
                            dateline_direction_label=True)
lat_formatter = LatitudeFormatter( \
                                number_format='.0f', \
                                degree_symbol='o')
ax.xaxis.set_major_formatter(lon_formatter)
ax.yaxis.set_major_formatter(lat_formatter)
```

```python
# 그림 제목 지정 및 표시
plt.title(tyname + " : " + date, y = 1.03, \
          fontsize = 20.)

# 예측과 관측의 위·경도 선언
lon4 = ctldata['flon']; lat4 = ctldata['flat']
lon1 = expdata['flon']; lat1 = expdata['flat']

# ctl의 진로도 그리기
p0 = ax.plot(lon4, lat4,  c='blue', label = 'CTL', \
             linestyle = 'dotted', linewidth=2., \
             transform = ccrs.PlateCarree())
for xx, yy, ms in zip(lon4, lat4, ms4) :
                # zip() 함수 이용 같은 위치의 값을 함께 반복
    ax.plot(xx, yy, c = 'blue', marker=ms, \
            markeredgecolor='blue', markersize=4.)

# exp의 진로도 그리기
p1 = ax.plot(lon1, lat1, 'red', label = 'EXP', \
             linestyle = '-', linewidth=2.,\
             transform = ccrs.PlateCarree())
for xx, yy, ms in zip(lon1, lat1, ms1) :
    ax.plot(xx, yy, c = 'red', marker=ms, \
            markeredgecolor='red', markersize=4.)

# 관측의 진로도 그리기
p2 = ax.plot(ty_lon, ty_lat, c='black', \
             label = 'OBS', linewidth=2., \
             transform = ccrs.PlateCarree())
for xx, yy, ms in zip(ty_lon, ty_lat, mso) :
    ax.plot(xx, yy, c = 'black', marker = ms, \
            markersize = 4.)

#  plot정보로부터 범례 표기
leg = plt.legend(loc = 'best', fontsize = 'x-large')

# color_legend_text() 함수 정의 : plot 유형별 색과 라벨 색, 동일하게 표기
def color_legend_texts(leg) :
```

```
    for line, txt in zip(leg.get_lines(), \
                    leg.get_texts()) :
                # leg정보 이용 plot 유형과 라벨 반복
        txt.set_color(line.get_color())     # plot 유형 색을 가져와
plot 라벨 색 표기

color_legend_texts(leg) # p0, p1, p2의 유형 색과 라벨 색 같게 표기
plt.savefig("fig_4_2.png")   # 그림 저장
plt.show()   # 그림 확인
```

형식

ax.plot([x], [y], colors = [c], linestyle = [linestyle],₩
    marker = [m], markersize = [msize],₩
    label=[label], ...)

매개변수	설정하는 특성	옵션
[x]	그래프의 x 값	1차원 배열/리스트
[y]	그래프의 y 값	x와 길이가 같은 1차원 배열/리스트
color(=c)	그래프 색	Pyplot에서 인식하는 색 이름(ex. 'r', 'red', …) 또는 RGB 튜플(순서쌍)
linestyle	그래프 선 종류	선 스타일의 이름(ex. 'dashed') 또는 글자로 표현한 스타일(ex. '-', '--', '-.')
marker	그래프를 구성하는 마커(marker) 유형	ex. 'o', '.', 's', ...
markersize	마커(marker) 크기	0 이상의 실수 (0인 경우 마커(marker)가 나타나지 않음)
label	xy 그래프 라벨	문자열

표 4-10. xy 그래프를 그리는 ax.plot() 함수.

4-3. 태풍 예측 강도 시계열

태풍 강도는 태풍 중심 부근의 최대풍속과 태풍 중심의 최소해면기압을 말합니다. 태풍

강도는 등급으로 구분하고 등급은 최대풍속으로 결정됩니다. 최대풍속은 역학적으로 기압과 연관이 있습니다. 예측 강도 시계열은 태풍 관측 시간에 따라 실제 태풍과 함께 수치모델의 예측 태풍 강도 경향을 비교할 수 있습니다. 그림 4-3은 2020년 0호 가상 태풍 TYPHOON1에 대해 관측 강도와 예측 강도를 함께 그린 시계열 차트입니다.

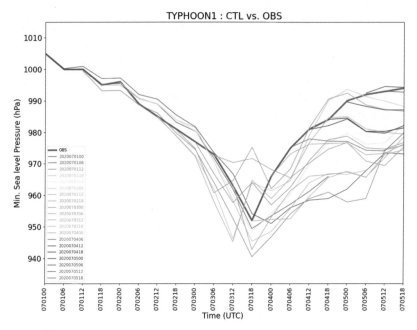

그림 4-3. 2020년 0호 가상 태풍 TYPHOON 1에 대한 CTL 실험의 예측 강도 시계열 비교.

그림 4-3 차트는 2020년 0호 가상 태풍 TYPHOON 1의 관측 데이터와 분석 기간의 예측 데이터를 읽어 관측 시간 기준으로 예측 데이터를 합쳐 예측 0시부터 120시간까지 6시간 간격으로 꺾은선 차트를 그리는 과정을 수행합니다. 진행 순서는 다음과 같습니다.

1) 태풍 관측자료 읽기 및 분석 기간의 관측 데이터 슬라이싱하기
2) 태풍 예측자료 읽기 및 관측 시간 기준 예측데이터와 관측 데이터 합치기
3) 태풍 관측 시간 기준 예측 120시간까지의 강도 시계열 그리기

먼저 필요한 라이브러리와 인터페이스를 호출합니다.

```
# -! 라이브러리 및 인터페이스 호출
import os
import numpy as np
import datetime
from datetime import timedelta
from numpy.lib.recfunctions import append_fields
import matplotlib.pyplot as plt
```

태풍 관측자료 읽기는 헤더 지표인 99999와 태풍정보 지표인 111을 이용하여 태풍 이름, 관측 시간, 등급, 중심 위/경도, 최대풍속, 최소해면기압을 읽습니다. 태풍 관측자료는 4-1, 4-2절과 동일한 자료로 4-1, 4-2절에서 읽은 동일한 방법으로 처리합니다. 여기서도 remove_blank5list() 함수로 공백 요소를 제거하여 자료를 처리합니다.

```
# -!   태풍 관측자료 파일 선언
tynum = "2000" # 태풍 발생연도, 번호 지정
tyobsf = "./data/ObsTrack.TC"+tynum # 폴더, 파일 지정

# -! remove_blank5list() 함수 정의: 리스트의 공백 요소 제거
def remove_blank5list(list) :
    newlist = []
    for l in list :
        if not '' == l :
            newlist.append(l)
    return newlist

# -! 태풍 관측자료 파일 읽기
f = open(tyobsf, 'r') # 파일 열기
list = f.readlines() # 파일 안의 내용 읽기
list = [l.strip() for l in list] # 라인별 오른쪽 공백 제거
ty_cat, ty_name, ty_date, ty_lat, ty_lon, ty_pmin, \
ty_vmax = [], [], [], [], [], [], [] # 리스트 초기화
```

```
for i in np.arange(np.shape(list)[0]) :
    if '99999' in list[i] :  # 99999 이용 헤더 구분
        ilist = list[i].split(" ")  # 문자열, 공백 구분
        header = remove_blank5list(ilist)
            # remove_blank5list() 함수 이용 공백 요소 제거
        tyname = header[7]  # 태풍 이름 할당
        nline = int(header[2])  # 관측 데이터 수 할당
        for j in range(nline+1) :  # 관측 데이터 수 반복
            dataline = remove_blank5list( \
                                       list[i+j].split(" "))
                # remove_blank5list() 함수 이용 공백 요소 제거
            if '111' in dataline[1] :  # 111 이용 데이터라인 구분
                ty_date.append(dataline[0][2:])  # 관측 시간
                ty_cat.append(dataline[2])  # 등급
                ty_lat.append(float(dataline[3])*0.1)
                    # 중심 위도
                ty_lon.append(float(dataline[4])*0.1)
                    # 중심 경도
                ty_vmax.append(float(dataline[5])*0.5144)
                    # 최대풍속
                ty_pmin.append(float(dataline[6]))
                    # 최소해면기압

del(list)
```

2020년 0호 가상 태풍 TYPHOON 1의 열대 폭풍 이상으로 존재한 시기는 4-1절과 동일하게 2020년 7월 1일 00UTC부터 7월 5일 18UTC까지입니다. 읽은 태풍 관측 데이터는 4-1절과 동일한 분석 기간에 해당하는 자료를 남겨야 합니다. 태풍 관측 데이터의 슬라이싱은 분석 시작과 마지막 시간의 인덱스 값으로 처리합니다. 해당 시간의 인덱스 값 찾기는 사용자 정의 함수 narr_match_date()를 이용합니다. narr_match_date() 함수는 분석 시간을 관측 시간과 일치하는 인덱스(index) 값을 반환해 줍니다.

```
# -! 분석 시작과 마지막 시간 지정
tysdate = "2020070100"
tyedate = "2020070518"

# -! narr_match_date() 함수 정의 : 분석 시간과 관측시간이 일치하는 인덱스 값
찾기
def narr_match_date(adate, ty_date) :
    xs = len(ty_date) # 관측 시간의 마지막 인덱스 값 할당
    for i, d in enumerate(ty_date) : # enumerate() 함수 이용 인덱
스 값, 요소 값 반복
        if adate[4:] == d : # 분석 시간과 관측 시간이 일치하면
            xs = i    # 인덱스 값, xs에 할당
    return(xs) # 인덱스 값 반환

# -! narr_match_date() 함수 이용: 분석 시작과 마지막 시간의 인덱스 값 찾기
ns = narr_match_date(tysdate, ty_date)
ne = narr_match_date(tyedate, ty_date) + 1

# -! 분석 시작과 마지막 시간의 인덱스 값 이용 태풍 관측 데이터 슬라이싱
ty_lon = ty_lon[ns : ne]; \
ty_lat = ty_lat[ns : ne]; \
ty_pmin = ty_pmin[ns : ne]
ty_date = ty_date[ns : ne]; \
ty_vmax = ty_vmax[ns : ne]; \
ty_cat = ty_cat[ns : ne]
```

슬라이싱한 태풍 관측 데이터는 하나의 구조체 배열로 만들기 위해 각 리스트를 배열로
변경한 후 zip() 함수로 묶어 줍니다. 튜플 a는 열(Column)별 이름과 자료 유형을 정의
하여 하나의 구조체 배열(tydata)로 저장한 것입니다.

```
# -! 배열의 리스트 이용 구조체 배열 할당
a = [ty_cat, ty_date, ty_lon, ty_lat, ty_pmin, \
     ty_vmax]
names='ocat, odate, olon, olat, opmin, ovmax'
formats='U1, U6, f8, f8, f8, f8'
tydata=np.core.records.fromarrays(a, names=names,\
                                  formats=formats)
```

구조체 배열 tydata은 다음과 같이 4-1절에서 출력한 결과와 동일합니다.

```
>>> tydata
array([('3', '070100', 15.4, 132.1, 1005., 18.5184),
       ('3', '070106', 17.1, 130.7, 1000., 18.004 ),
       ('3', '070112', 17.6, 129.2, 1000., 21.0904),
       ('4', '070118', 17.8, 127.9,  995., 24.6912),
       ('3', '070200', 18.1, 126.8,  996., 22.6336),
       ('4', '070206', 19.2, 125.9,  989., 25.72  ),
       ('4', '070212', 20.2, 124.8,  985., 33.9504),
       ('4', '070218', 20.9, 123.6,  981., 29.3208),
       ('5', '070300', 21.7, 123. ,  977., 35.4936),
       ('5', '070306', 22.9, 122.9,  973., 36.008 ),
       ('5', '070312', 24.6, 122.9,  963., 39.6088),
       ('5', '070318', 26.2, 122.5,  952., 40.1232),
       ('5', '070400', 27.5, 122.5,  966., 34.9792),
       ('4', '070406', 28.6, 122.2,  975., 30.864 ),
       ('4', '070412', 30. , 122.5,  981., 29.3208),
       ('4', '070418', 30.6, 122.8,  984., 24.6912),
       ('3', '070500', 32. , 124. ,  990., 23.148 ),
       ('3', '070506', 33.3, 124.7,  992., 20.576 ),
       ('3', '070512', 34.3, 126.4,  993., 19.5472),
       ('3', '070518', 35.8, 128.2,  994., 18.5184)],
      dtype=[('ocat', 'S3'), ('odate', 'S6'), ('olat', '<f4'), ('olon', '<f4'),
('opmin', '<f4'), ('ovmax', '<f4')])
```

태풍 예측자료 읽기는 CTL 실험의 태풍 예측 데이터에 사용자 정의 함수 fdata_append_odata_bydate()를 이용하여 4-1절처럼 태풍 관측 데이터를 합쳐 하나의 구조체 배열에 저장합니다. 읽기 전에 관측 시간 리스트는 연월일시(yyyymmddhh) 형태로 만들어 주고 읽을 열(Column)의 위치와 이름을 선언합니다. 태풍의 관측 데이터와 예측 데이터 합치기는 사용자 정의 함수 fdata_append_odata_bydate()를 이용합니다. 이 함수는 분석 기간을 반복하여 예측 데이터에 관측 데이터를 추가한 후 하나의 구조체 배열로 반환합니다.

```
# -! 관측 시간 리스트 요소의 형태 변경 후 할당
tydate_list = [] # 리스트 초기화
for x in ty_date : # mmddhh 형태 반복
    tydate_list.append(''.join(['2020', x]))
            # join() 함수 이용 yyyymmddhh 형태 변경 후 추가
```

```python
# -! 태풍 예측자료에서 읽을 열의 위치, 이름 선언
usecols = (0, 1, 2, 3, 4) # 읽을 열의 위치 지정
names = ['fcst', 'flon', 'flat', 'fvmax', 'fpmin']
            # 읽을 열의 이름 지정


def fdata_append_odata_bydate(date, fdata, tydata) :
    # 예측 시간의 태풍 관측 데이터 추출하기
    idata = ('XXX','999999', -1., -1., -1., -1.)
            # idata, 미씽값으로 초기화
    fdate_list, odata = [], [] # 리스트 초기화
    for i, hr in enumerate(fdata['fcst']) : # 예측 기간 반복
      dt = timedelta(hours=hr) # timedelta() 함수 이용 더할 예측 기
간 할당
      idate = datetime.datetime(int(date[:4]), \
                                int(date[4:6]), \
                                int(date[6:8]), \
                                int(date[8:])) + dt
            # datetime.datetime() 함수 이용 문자열을 시간 형태
변경 후 예측 기간 더하기
      fdate = idate.strftime('%Y%m%d%H') # 계산한 예측 시간, 문자열
변환
      fdate_list.append(fdate) # 예측 시간 리스트에 추가
      idx = np.where(tydata['odate'] == fdate[4:])[0]
            # np.where() 함수 이용 관측 시간 기준 인덱스 값 찾기
      if len(idx) == 1 : # 인덱스 값이 존재한다면
        odata.append(tydata[idx[0]]) # tydata 값 추가
      else : # 인덱스 값이 없으면
        odata.append(idata) # 미씽값 (idata) 추가
    fdata = append_fields(fdata, 'fdate', \
                                  fdate_list, \
                                  usemask=False)
            # 구조체 배열 fdata에 예측 시간 리스트 추가
    ff = list(zip(*fdata)); oo = list(zip(*odata))
            # 변수별 구분 후 zip() 함수 이용 묶기
    for o in oo : # odata 자료 반복
      ff.append(o) # fdata에 odata 추가
    fotype = np.dtype({ \
        'names':['fcst', 'flon', 'flat', 'fvmax', \
```

```
                    'fpmin', 'fdate','ocat','odate', \
                    'olon', 'olat', 'opmin', 'ovmax'], \
           'formats':['f8', 'f8', 'f8', 'f8', 'f8', \
                      'U10', 'U3', 'U6','f8','f8', \
                      'f8','f8'] })
    # 관측과 예측 데이터의 열별 이름과 자료유형 합치기
    ff = list(zip(*ff)) # 변수별 구분 후 다시 묶기
    fodata = np.array(ff, dtype = fotype) # 구조체 배열로 할당
    return fodata # 합친 예측과 관측 데이터의 구조체배열 반환

# -! 태풍 예측자료 읽기 : 읽은 예측과 관측의 데이터 구조체 배열, 딕셔너리로 할당
ctldata_dict = dict() # 딕셔너리 초기화
for date in tydate_list : # 관측 시간 리스트 반복
    ctlf = "./data/CTL_TC"+tynum+"."+date   # ctl실험 파일 선언
    if os.path.exists(ctlf) : # ctl 실험 파일이 존재하면 자료 처리
        ctldata = np.genfromtxt(ctlf, skip_header = 1, \
                                      usecols = usecols, \
                                      dtype = None, \
                                      names = names)
                # np.genfromtxt() 함수 이용 구조체 배열로 읽기
        ctldata1 = fdata_append_odata_bydate(date, \
                                                ctldata, \
                                                tydata)
                    # fdata_append_odata_bydate() 함수 이용
예측 데이터와 관측 데이터 합치기
        ctldata_dict[date] = ctldata1 # 딕셔너리에 날짜별 구조체 배열을
할당
```

형식		
np.where([condition], ...)		
매개변수	설정하는 특성	옵션
[condition]	조건	1차원 이상 배열 입력과 출력 형태: 배열

표 4-11. 조건에 의해 인덱스 값을 찾아 주는 np.where() 함수.

형식
append_fields([base], [name], [data], usemask=[True], ...)

매개변수	설정하는 특성	옵션
[base]	입력 배열	1차원 이상 배열
[name]	새로운 필드의 이름	문자열
[data]	새로운 필드	1차원 이상 배열
usemask	masked 배열 반환 여부	True/False

표 4-12. 기존 배열에 새로운 필드를 추가하는 append_fields() 함수.

형식
np.genfromtxt([fname], dtype=[dytpe], skip_header=[skip_header], usecols=[usecols], names=[names], unpack=[True], ...)

매개변수	설정하는 특성	옵션
[fname]	텍스트파일	문자열
dtype	열(Column) 자료 유형	None(기본)/([name], [format]) [name]: 자료 이름, [format]: 자료 형식
skip_header	파일의 스킵할 줄 수	0(기본)/정수형 숫자
usecols	읽을 열(Column) 선언	None(기본)/([usecols]) [usecols] 예시: (1, 4, 5)
names	열(Column) 이름	None(기본)/True/문자열 리스트

표 4-13. 텍스트 파일을 읽는 np.genfromtxt() 함수.

딕셔너리(dictionary) ctldata_dict를 확인해 보겠습니다. 프롬프트에서 ctldata_dict ['2020070212']를 입력하면 4-1절과 동일하게 6시간 간격으로 예측 120시간까지 예측 데이터와 관측 데이터가 함께 나열되어 있습니다.

```
array([(   0, 124.8, 20.2, 33.2,   985.1, '2020070212', '4', '070212', 20.2, 124.8, 985.,  33.9504),
       (   6, 123.4, 21.2, 31.5,   978.7, '2020070218', '4', '070218', 20.9, 123.6, 981.,  29.3208),
       (  12, 122.9, 21.9, 37.3,   972.3, '2020070300', '5', '070300', 21.7, 123. , 977.,  35.4936),
       (  18, 122.8, 23.3, 43.6,   958. , '2020070306', '5', '070306', 22.9, 122.9, 973.,  36.008 ),
       (  24, 122.4, 24.8, 44.9,   945.2, '2020070312', '5', '070312', 24.6, 122.9, 963.,  39.6088),
       (  30, 121.8, 25.8, 36.7,   964.7, '2020070318', '5', '070318', 24.6, 122.5, 952.,  40.1232),
       (  36, 121.6, 27.1, 39. ,   958.9, '2020070400', '5', '070400', 27.5, 122.5, 966.,  34.9792),
       (  42, 121.8, 28.3, 32.5,   965.3, '2020070406', '4', '070406', 28.6, 122.2, 975.,  30.864 ),
       (  48, 121.9, 29.2, 30.1,   976.7, '2020070412', '4', '070412', 30. , 122.5, 981.,  29.3208),
       (  54, 122.2, 30.3, 25.9,   984.5, '2020070418', '4', '070418', 30.6, 122.8, 984.,  24.6912),
       (  60, 123. , 31.4, 27.9,   984.9, '2020070500', '3', '070500', 32. , 124. , 990.,  23.148 ),
       (  66, 123.9, 33. , 28.1,   981. , '2020070506', '3', '070506', 33.3, 124.7, 992.,  20.576 ),
       (  72, 124.9, 34.3, 29.2,   979.9, '2020070512', '3', '070512', 34.3, 126.4, 993.,  19.5472),
       (  78, 125.8, 35.3, 27. ,   979.4, '2020070518', '3', '070518', 35.8, 128.2, 994.,  18.5184),
       (  84, 127. , 36.3, 23.8,   981.8, '2020070600', 'XXX', '999999', -1. ,  -1. ,  -1., -1.    ),
       (  90, 128.2, 37. , 20.9,   986.8, '2020070606', 'XXX', '999999', -1. ,  -1. ,  -1., -1.    ),
       (  96, 130. , 37.4, 21.4,   992.7, '2020070612', 'XXX', '999999', -1. ,  -1. ,  -1., -1.    ),
       ( 102, 131.2, 37.5, 21.3,   993.8, '2020070618', 'XXX', '999999', -1. ,  -1. ,  -1., -1.    ),
       ( 108, 132.4, 37.6, 21.2,   994.9, '2020070700', 'XXX', '999999', -1. ,  -1. ,  -1., -1.    ),
       ( 114, 133.8, 37.1, 20.3,   998.8, '2020070706', 'XXX', '999999', -1. ,  -1. ,  -1., -1.    ),
       ( 120, 135.1, 36.6, 19.3, 1002.5, '2020070712', 'XXX', '999999', -1. ,  -1. ,  -1., -1.    )],
      dtype=[('fcst', '<i8'), ('flon', '<f8'), ('flat', '<f8'), ('fvmax', '<f8'), ('fpmin', '<f8'), ('fdat
e', 'S10'), ('ocat', 'S3'), ('odate', 'S6'), ('olat', '<f4'), ('olon', '<f4'), ('opmin', '<f4'), ('ovmax',
'<f4')])
```

태풍의 관측 데이터와 예측 데이터의 처리가 끝났습니다. 그리기 전에 CTL의 실험명과 예측 강도 시계열의 열(Column) 정보인 변수를 선언합니다. 변수 라벨 딕셔너리(dictionary)로 제목을 정해 주면 간편하게 그림 제목을 표시할 수 있습니다. 또한 예측 강도를 관측 시간 순으로 색을 다르게 표시하기는 날짜순으로 plt.cm.gist_rainbow() 함수로 컬러를 x축 눈금 수(관측 시간 수)만큼 선언하여 적용합니다.

```
# -! 실험명, 변수 라벨 딕셔너리, 그릴 변수 선언
nwpname = "CTL"
varDict={'pmin' : "Min. Sea level Pressure (hPa)", \
         'vmax' :  "Max. Wind Speed (m/s) "}
var = 'pmin'

# -! x축 간격이 6시간 간격인 x축 배열 선언
n = np.shape(tydata['odate'])[0]
N = range(n)

# x축 수만큼 컬러 선언
color = plt.cm.gist_rainbow(np.linspace(0, 1, n))
```

관측 시간 기준으로 일치하는 예측 시간에 따라 예측 강도를 그려 그림 4-3을 완성합니다.

```
# -! 시계열 그리기
plt.figure(1, figsize = (14, 10))

# 관측 시계열 그리기
plt.plot(N, tydata["o"+var], 'k-', label = 'OBS', \
         linewidth = 3.5, alpha = 0.6)

# 관측 시간 기준 예측데이터 지정 및 시계열 그리기
tydatelist = tydate_list # 날짜 리스트 할당
for i, c in zip (N, color) :
    # 관측 시간의 지정한 변수의 예측 값과 시간 할당
    ctldata = ctldata_dict[tydatelist[i]]['f' + var]
    ctldate = ctldata_dict[tydatelist[i]]['fdate']
    ctldata1 = [] # 리스트 초기화
    for o in tydatelist[i:] : # i로 관측 시간 조정 후 반복
        idx = np.where(np.array(ctldate) == o)[0]
        if len(idx) >= 1 : # idx가 1 이상이면
            ctldata1.append(ctldata[idx[0]]) # 예측 데이터 추가
        else : # 아니면 nan 값 추가
            ctldata1.append(np.nan)
    # 예측 시계열 그리기
    plt.plot(N[i:], np.array(ctldata1), c = c, \
             linestyle = '-', markeredgecolor = c, \
             label = tydatelist[i], linewidth = 1.5, \
             alpha = 0.8)

# plot정보로부터 범례 표기
leg = plt.legend(loc = 'best', fontsize = 'small')

# color_legend_texts() 함수 정의 : plot 유형별 색과 라벨 색, 동일하게 표기
def color_legend_texts(leg) :
    for line, txt in zip (leg.get_lines(), \
                          leg.get_texts()):
                          # leg 정보 이용 plot 유형과 라벨 할당
        txt.set_color(line.get_color())
                    # plot 유형의 색을 plot 라벨 색으로 지정

color_legend_texts(leg) # plot 유형의 라벨과 색, 동일하게 지정
```

```
# 시계열 꾸미기 및 정보 표시
plt.xlim(0, n - 1) # x축 범위 지정
plt.ylim(np.min(tydata['o' + var]) - 20, \
         np.max(tydata['o' + var]) + 10) # y축 범위 지정
plt.xticks(N, tydata['odate'], \
          rotation = 'vertical', fontsize = 13.)
# x축 눈금 라벨 지정
plt.yticks(fontsize = 16.) # y축 눈금 라벨 표시
plt.xlabel('Time (UTC)', fontsize = 16.) # x축 제목 지정 및 표시
plt.ylabel(varDict[var], fontsize = 16.) # y축 제목 지정 및 표시
plt.title(tyname.rstrip() + " : " + nwpname \
         + " vs. OBS", fontsize = 20.) # 그림 제목 표시
plt.savefig("fig_4_3.png") # 그림 저장
plt.show() # 그림 확인
```

형식
plt.plot([x], [y], colors = [c], linestyle = [linestyle], , marker = [m], ₩ markeredgecolor = [markeredgecolor], ...)

매개변수	설정하는 특성	옵션
[x]	그래프의 x 값들	1차원 배열/리스트
[y]	그래프의 y 값들	x와 길이가 같은 1차원 배열/리스트
color(=c)	그래프 색	Pyplot에서 인식하는 색 이름 (ex. 'r', 'red', …) 또는 RGB 튜플(순서쌍)
linestyle	그래프 선 종류	선 스타일의 이름(ex. 'dashed') 또는 글자로 표현한 스타일 (ex. '-', '--', '-.')
markeredgecolor	marker 선의 색	문자열, RGB 튜플 ex) 'red'
label	xy 그래프 라벨	문자열

표 4-14. xy 그래프를 그리는 plt.plot() 함수.

4-4. 태풍 연직 단면도

태풍 연직 단면도는 태풍의 연직 구조와 발달 정도를 파악할 수 있는 분석 방법입니다. 연직 단면은 모델에서 예측한 태풍 중심을 기준으로 경도축(x축)과 위도축(y축)에 대해 연직적으로 데이터를 처리하여 표출하거나 원하는 곳의 데이터를 추출하여 표출하기도 합니다. 그림 4-4는 7월 2일 12UTC에 수치모델이 초기에 예측한 2020년 0호 가상 태풍 TYPHOON1에 대한 경도축의 연직 단면도를 그린 차트입니다. 이 그림에서 빨간 실선은 예측 초기 태풍 중심 경도이고, 검은 파선은 관측 태풍 중심 경도입니다. 이 파선의 차이는 관측과 예측의 차이라 할 수 있습니다.

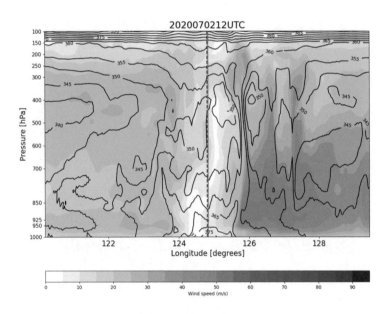

그림 4-4. 예측 초기 상당온위(등고선)와
풍속(채운 등고선)의 경도축 연직단면분포(2020년 7월 2일 12 UTC).

그림 4-4 차트는 2020년 0호 가상 태풍 TYPHOON1 기간의 분석 시간인 7월 2일 12UTC에 수치모델의 등압면 예측자료(온도, 상대습도, 바람 등)를 읽어 예측 초기 태풍

중심 위치를 찾고 예측 태풍 위도를 중심으로 지정한 분석 영역의 경도에 따라 해당 데이터를 추출한 후 상당온위와 풍속을 계산하여 연직 단면도를 그리는 과정을 수행합니다. 진행 순서는 다음과 같습니다.

---

1) 태풍 관측자료 읽기
2) 수치모델 등압면 파일 정보를 큐브(Cube) 형태로 읽기
3) 예측 초기 태풍 위·경도 찾기 및 지정한 분석영역의 등압면 예측 데이터 슬라이싱하기
4) 풍속과 사용자 정의 함수 이용 상당온위 계산
5) 상당온위와 풍속의 연직 분포 그리기

먼저 필요한 라이브러리와 인터페이스는 다음과 같이 호출합니다.

```
# -! 라이브러리 및 인터페이스 호출
import os
import matplotlib.pyplot as plt, matplotlib as mpl
import numpy as np
import iris
```

태풍 관측자료 읽기는 헤더 지표인 99999와 태풍정보 지표인 111을 이용하여 태풍 이름, 관측 시간, 등급, 중심 위·경도, 최대풍속, 최소해면기압을 읽습니다. 태풍 관측자료는 4-3절까지과 동일한 자료로 4-3절까지에서 읽은 방법으로 처리합니다. 여기서도 remove_blank5list() 함수로 공백 요소를 제거하여 자료를 처리합니다.

```
# -! 태풍 관측자료 파일 선언
tynum = "2000" # 태풍 발생연도, 번호 지정
tyobsf = "./data/ObsTrack.TC"+tynum # 폴더, 파일 지정

# -! remove_blank5list() 함수 정의: 리스트의 공백 요소 제거
def remove_blank5list(list) :
    newlist = []
    for l in list :
```

```
        if not '' == l :
            newlist.append(l)
    return newlist

# -! 태풍 관측자료 파일 읽기
f = open(tyobsf, 'r') # 파일 열기
list =f.readlines() # 파일 안의 내용 읽기
list = [l.strip() for l in list] # 라인별 오른쪽 공백 제거
ty_cat, ty_name, ty_date, ty_lat, ty_lon, ty_pmin,\
ty_vmax = [], [], [], [], [], [], [] # 리스트 초기화
for i in np.arange(np.shape(list)[0]) :
    if '99999' in list[i] : # 99999 지표 이용 헤더 구분
        ilist = list[i].split(" ")   # 문자열, 공백 구분
        header = remove_blank5list(ilist)
                # remove_blank5list() 함수 이용 공백 요소 제거
        tyname = header[7] # 태풍 이름 할당
        nline = int(header[2]) # 관측 데이터 수 할당
        for j in range(nline+1) : # 관측 데이터 수 반복
            dataline = remove_blank5list( \
                                    list[i+j].split(" "))
                    # remove_blank5list() 함수 이용 공백 요소 제거
            if '111' in dataline[1] : # 111 이용 데이터라인 구분
                ty_date.append(dataline[0][2:]) # 관측 시간
                ty_cat.append(dataline[2]) # 등급
                ty_lat.append(float(dataline[3])*0.1)
                    # 중심 위도
                ty_lon.append(float(dataline[4])*0.1)
                    # 중심 경도
                ty_vmax.append(float(dataline[5])*0.5144)
                    # 최대풍속
                ty_pmin.append(float(dataline[6]))
                    # 최소해면기압

del(list)
```

등압면 예측자료 읽기는 2020년 7월 2일 12UTC의 등압면 파일을 변수별로 파일을 지
정합니다.

```
# -! 등압면 예측자료 파일 읽기
udate = "2020070212" # 분석 시간 지정
tfname = "./data/temp_"+udate+"_f00.nc"   # 폴더, 파일 지정
rhfname = "./data/rh_"+udate+"_f00.nc"    # 폴더, 파일 지정
ufname = "./data/xwind_"+udate+"_f00.nc"  # 폴더, 파일 지정
vfname = "./data/ywind_"+udate+"_f00.nc"  # 폴더, 파일 지정
```

변수별 할당은 iris.load() 함수를 이용하여 변수별로 cube를 바로 읽어 다음과 같이 할당합니다.

```
temp = iris.load(tfname)[0]   # iris.load()함수 이용 온도 할당
rh = iris.load(rfname)[0]     # iris.load()함수 이용 습도 할당
xwind = iris.load(ufname)[0] # iris.load()함수 이용 u벡터 할당
ywind = iris.load(vfname)[0] # iris.load()함수 이용 v벡터 할당
```

형식		
iris.load([fname], …)		
매개변수	**설정하는 특성**	**옵션**
fname	파일명	문자열/문자열 리스트

표 4-15. CF Conventions 형태 저장 파일을 큐브(Cube)로 읽는 iris.load() 함수.

할당한 각 변수에 이미 큐브(Cube)가 들어 있습니다. print temp을 입력하면 좌표계와 속성에 따라 상세한 정보를 알 수 있습니다.

```
>>> print(temp)
air_temperature / (K)            (pressure: 24; latitude: 738; longitude: 830)
    Dimension coordinates:
        pressure                        x              -              -
        latitude                        -              x              -
        longitude                       -              -              x
    Scalar coordinates:
        time                     2020-07-02 12:00:00
    Attributes:
        Conventions              'CF-1.5'
        STASH                    m01s16i203
```

분석 시간에 관측된 태풍의 중심 위·경도를 추출합니다.

```
# -! 분석 시간의 관측 태풍 중심 위·경도 추출
idx = np.where(np.array(ty_date) == udate[4:])[0][0]
tylat = ty_lat[idx]; tylon = ty_lon[idx]
```

프롬프트에서 tylon, tylat를 입력하면 분석 시간이 2020년 7월 2일 12 UTC의 관측 태
풍 중심 위·경도를 알 수 있습니다.

```
>>> print tylon, tylat
124.8 20.2
```

태풍 중심 위도를 기준으로 경도축 방향의 연직 단면도를 분석하려면 예측 초기 태풍 중
심 위·경도를 구해야 합니다. 태풍 중심은 해면기압을 이용하여 값이 최소인 지점을 태
풍의 중심으로 정의하고 태풍 중심의 위·경도 격자 위치를 구합니다. 이때 해면기압은
단일면의 mslp로 시작하는 nc파일에서 iris.AttributeConstraint(), iris.Constraint() 함
수와 STASH 코드를 이용한 큐브(Cube)로 데이터를 읽습니다.

```
# -! 해면기압 이용 예측 초기 태풍 중심 격자 위치 찾기
fname="./data/mslp_"+udate+"_f00.nc" # 폴더, 파일 지정
mslp0_stash = iris.AttributeConstraint(STASH = \
             'm01s16i222') & iris.Constraint \
             (ForecastPeriod = 0)
             # iris.AttributeContraint() 함수, STASH코드 이용 변
수와 iris.Constraint() 함수 이용 예측 초기 시간 지정
mslp = iris.load_cube(fname, mslp0_stash)
     # iris.load_cube() 함수 이용 큐브 읽기
yy, xx = np.where(mslp.data == np.min(mslp.data))
       # 최소해면기압의 격자 위치 찾기
nx = xx[0]; ny = yy[0] # x축, y축의 격자 위치 할당
```

```
# -! 예측 초기 태풍 중심의 격자 위치의 위·경도 추출
lon = mslp.coord('longitude').points[:] # 경도 좌표계에서 데이터 추출
lat = mslp.coord('latitude').points[:] # 위도 좌표계에서 데이터 추출
lons, lats = np.meshgrid(lon, lat) # 1차원 위·경도, 2차원 배열 선언
ftylon=lons[yy, xx][0] # 예측 초기 태풍 중심의 경도 할당
```

형식		
iris.Constraint(name=[value], …)		
매개변수	설정하는 특성	옵션
name	큐브(Cube) 이름	[value] : 값 ex.forecast_period=0

표 4-16. iris.Constraint() 함수.

형식		
iris.AttributeConstraint(STASH=[stashcode], …)		
매개변수	설정하는 특성	옵션
STASH	큐브(Cube)의 속성	stashcode: 문자열 형태 STASH 코드

표 4-17. 큐브(Cube)의 속성을 제한하는 iris.AttributeConstraint() 함수.

형식		
iris.load_cube(fname, …)		
매개변수	설정하는 특성	옵션
fname	파일명	문자열

표 4-18. 단 하나의 큐브(Cube)를 읽는 iris.load_cube() 함수.

프롬프트에서 2차원 위·경도인 lats[ny, nx], lons[ny, nx]를 입력하면 분석 시간이 2020년 7월 2일 12 UTC의 예측 초기 태풍 중심 위·경도가 출력됩니다. 관측 태풍 중심 위·경도와 근사함을 알 수 있습니다.

```
>>> print lats[ny, nx], lons[ny, nx]
20.211 124.83
```

등압면 고도에 따라 상당온위와 풍속을 계산해야 합니다. 분석하고자 하는 영역은 x축 격자 간격(dnx=150)을 지정하여 위도 기준 경도에 따라 변수별로 데이터를 슬라이싱 합니다. 또한 1차원 기압은 2차원으로 할당해 줍니다.

```
# -! 격자 위치와 수 이용 연직단면 분석영역 할당 및 예측 데이터 슬라이싱
dnx = 150
ext_temp = temp[:, ny, nx - dnx : nx + dnx ]
ext_rh = rh[:, ny, nx - dnx : nx + dnx]
ext_xwind = xwind[:, ny, nx - dnx : nx + dnx]
ext_ywind = ywind[:, ny, nx - dnx : nx + dnx]

# -! 상당온위 계산을 위한 기압 배열, 2차원 할당
nz, nx = ext_rh.shape  # 2차원 배열 수 확인
p2d = np.zeros((nz,nx))  # 2차원 배열, 0으로 초기화
ext_press = ext_rh.coord('pressure').points[:]
            # 분석영역의 큐브의 기압데이터 추출
for n, p in enumerate(ext_press):
    p2d[n, :]=p # 경도별 기압 값 할당
```

지정한 분석 영역의 경도는 프롬프트에서 print lons[ny, nx - dnx], lons[ny, nx + dnx] 를 입력하면 다음과 같이 출력되고, print p2d를 입력하면 2차원 리스트가 출력됩니다.

```
>>> print lons[ny, nx - dnx], lons[ny, nx + dnx]
117.638 126.938
>>> print p2d
[[   50.    50.    50. ...,    50.    50.    50.]
 [   70.    70.    70. ...,    70.    70.    70.]
 [  100.   100.   100. ...,   100.   100.   100.]
 ...,
 [  950.   950.   950. ...,   950.   950.   950.]
 [  975.   975.   975. ...,   975.   975.   975.]
 [ 1000.  1000.  1000. ...,  1000.  1000.  1000.]]
```

풍속은 uv 벡터로 계산합니다. 상당온위 계산은 사용자 정의 함수 cal_specific_humidity(), cal_sh_to_td(), cal_theta_e()를 이용하여 등압면 고도에 따라 계산합니다. cal_specific_humidity() 함수는 온도, 상대습도와 기압으로 비습을 계산하고 cal_sh_to_td() 함수는 온도, 비습과 기압으로 노점온도를 계산하며 cal_theta_e() 함수는 온도와 노점온도로 상당온위를 계산합니다.

```python
# -! uv벡터 이용 풍속 계산
u2d = ext_xwind.data; v2d = ext_ywind.data # uv벡터별 데이터 추출
ws = np.sqrt(u2d ** 2 + v2d ** 2) # uv벡터 이용 풍속 계산


# -! cal_specific_humidity() 함수 정의 : 온도, 상대습도, 기압이용 등압면별
비습 계산
def cal_specific_humidity(tempK, Rh, p2d):
    pevaps = 6.11 * np.exp(17.67 * \
            (tempK - 273.15) / (tempK - 29.65))
            # 온도 단위(K>C) 변환 후 포화수증기압 계산
    shums = (0.622 * pevaps) / (p2d - pevaps)
            # 건조공기에 대한 수증기의 질량 혼합비 계산
    shumi = Rh * shums / 100. # 상대습도, shums 이용 비습 계산
    return shumi # 비습 반환


# -! cal_sh_to_td() 함수 정의 : 온도, 비습, 기압 이용 등압면별 노점온도 계산
def cal_sh_to_td(tempK, p2d, shumi):
    pe = shumi * p2d / (0.622 + shumi) # 비습 이용 포화수증기압 계산
    pe_ezero = pe / 6.112
    pelog = np.log(pe_ezero)
    Td = tempK - (29.65 * pelog - 17.67 * 273.15) / \
        (pelog - 17.67) # 노점온도 = 온도-건구온도
    return Td # 노점온도 반환


# -! cal_theta_e() 함수 정의 : 온도, 노점온도 이용 등압면별 상당온위 계산
def cal_theta_e(tempK, dtempC, p2d):
    tempC = tempK - 273.15
    Tdif = tempC - dtempC
    pt = tempK * ((1000. / p2d) ** 0.285857) # 온위 계산
```

```
    evap = 6.11 * np.exp((17.269 * (Tdif + 273.15) \
            - 4717.3) / ((Tdif + 273.15) - 35.86))
            # 포화수증기압 계산
    rmix = (0.622 * evap) / (p2d - evap) # 혼합비 계산
    theta_e = pt * np.exp((2.5 * 10. ** 6 * rmix)\
                / (1004. * tempK)) # 상당온위 계산
    return theta_e    # 상당온위 반환

# -! cal_specific_humidity(), cal_sh_to_td(), cal_theta_e() 함
수 이용 상당온위 계산
sh = cal_specific_humidity(ext_temp.data, \
                            ext_rh.data, p2d) # 비습 계산
td = cal_sh_to_td(ext_temp.data, p2d, sh) # 노점온도 계산
theta_e = cal_theta_e(ext_temp.data, td, p2d)
            # 상당온위 계산
```

cal_specific_humidity(), cal_sh_to_td(), cal_theta_e() 함수로 계산한 sh, td, theta_e를 확인해 보겠습니다. 프롬프트에서 print sh, td, theta_e를 입력하면 다음과 같이 출력됩니다.

```
>>> print sh
[[ 2.54559466e-06    2.50409520e-06    2.50409520e-06 ...,   2.99666471e-06
   2.99666471e-06    2.99666471e-06]
 [ 1.78856294e-06    1.76561846e-06    1.82968688e-06 ...,   2.23091879e-06
   2.23091879e-06    2.23091879e-06]
 [ 1.47071152e-07    6.55647453e-08    6.43018006e-08 ...,   1.07520300e-06
   1.09472038e-06    1.11456235e-06]
 ...,
 [ 2.04470155e-02    2.02134837e-02    1.97632094e-02 ...,   1.76833862e-02
   1.77779497e-02    1.78488724e-02]
 [ 2.09745022e-02    2.04784840e-02    2.00066364e-02 ...,   1.86278546e-02
   1.86535128e-02    1.86791710e-02]
 [ 2.27773604e-02    2.31584769e-02    2.30864362e-02 ...,   1.89682076e-02
   1.89407969e-02    1.89682076e-02]]
>>> print td
[[ 27.16939799   27.13471498   27.13471498 ...,   27.51721279   27.51721279
   27.51721279]
 [ 19.75994349   19.95581481   20.01000574 ...,   21.53664411   21.53664411
   21.53664411]
 [ 23.68471994   27.28807508   27.25044033 ...,   19.96638792   19.9936007
   20.0208334 ]
 ...,
 [ 2.50171679    2.81188927    3.29949051 ...,   1.07851068    0.99359522
   0.93017729]
```

```
  [  3.53070767   4.04341778   4.54526005 ...,   1.56971237   1.54762515
     1.52556551]
  [  3.25926146   3.1121649    3.28828261 ...,   2.35897896   2.3822926
     2.35897896]]
>>> print theta_e
[[ 495.94011208  495.64558528  495.64558528 ...,   498.88556701
    498.88556701  498.88556701]
 [ 434.41822998  434.68545522  435.22040526 ...,   440.83615392
    440.83615392  440.83615392]
 [ 378.78308219  378.54135935  378.29993816 ...,   391.09902984
    391.34052609  391.58202372]
 ...,
 [ 360.5807186   360.00865746  358.79366851 ...,   348.65727703
    348.93414776  349.14194091]
 [ 361.33400797  359.98570694  358.71474808 ...,   350.56894311
    350.64398816  350.71904881]
 [ 365.5560337   366.82055915  366.72688449 ...,   350.50721682
    350.42749503  350.50721682]]
```

데이터 처리는 끝났습니다. 그리기 전에 필요한 정보를 선언합니다.

```python
# -! 분석 영역의 큐브 좌표계에서 위·경도 추출
ext_lon = ext_rh.coord('longitude').points[:]
ext_lat = ext_rh.coord('latitude').points[:]


# -! 분석 영역의 큐브 좌표계에서 기압, 경도의 값, 이름, 단위 추출
xname = ext_rh.coord('longitude').standard_name   # x축 이름, 큐브
에서 추출
xunit = ext_rh.coord('longitude').units # x축 단위, 큐브에서 추출
yname = ext_rh.coord('pressure').long_name   # y축 이름, 큐브에서 추출
yunit = ext_rh.coord('pressure').units # y축 단위, 큐브에서 추출


# -! y축 눈금의 표시 값, 라벨 지정
p_val = [100, 150, 200, 250, 300, 400, 500, 600, \
         700, 850, 925, 950, 1000]
p_val = map(int, p_val)
p_label = map(str, p_val)


# -! 등고선 간격 지정
cbar_labw = np.arange(0, 100, 5)
cbar_labep = np.arange(320, 400, 5)
```

```
# -! reverse_colormap() 함수 정의 : colormap 순서 뒤집기
def reverse_colormap(cmap, name = 'my_cmap_r'):
    reverse, k = [], []
    for key in cmap._segmentdata:
        k.append(key)
        channel = cmap._segmentdata[key] # key별 rgb 데이터선언
        data = []
        for t in channel:
            data.append((1 - t[0], t[2], t[1]))
        reverse.append(sorted(data)) # sorted() 함수 이용 데이터 정렬
    LinearL = dict(zip(k, reverse))
    my_cmap_r = mpl.colors.LinearSegmentedColormap( \
                                                    name, \
                                                  LinearL)
            # Lookup표 기반 색 지도(colormap) 형태로 할당
    return my_cmap_r  # 뒤집은 색 지도 반환

# -! reverse_colormap() 함수 이용 colormap 색 순서 뒤집기 적용
cmaps_r = reverse_colormap(plt.cm.CMRmap)
cmaps = cmaps_r(np.linspace(0, 1, len(cbar_labw)))
```

등고선과 채운 등고선을 이용하여 그림 4-4를 완성합니다.

```
# -! 연직 단면도 그리기
fig = plt.figure(figsize=(11,9))
crss_ws = plt.contourf(ext_lon, ext_press, ws, \
                          cbar_labw, colors = cmaps)
        # 풍속의 채운 등고선 그리기
crss_ep = plt.contour(ext_lon, ext_press, theta_e, \
                          cbar_labep, colors = 'k')
        # 상당온위의 등고선 그리기

# 태풍의 관측과 예측 초기의 중심 경도, x축선 표시
plt.axvline(tylon, color = 'k', linestyle = '--',\
            linewidth=2., alpha=0.8) # 관측 태풍 중심 경도선 표시
plt.axvline(ftylon, color = 'r', linestyle = '-',\
```

```
                linewidth=1.5) # 예측 초기 태풍 중심 경도선 표시
cbar = plt.colorbar(crss_ws, \
                    orientation = 'horizontal',\
                    aspect = 30, pad = 0.12) # 컬러바
cbar.set_label("Wind speed (m/s)") # 컬러바 제목 지정 및 표시
plt.clabel(crss_ep, inline = 1, fmt = '%1.0f')
            # 상당온도 등고선 라벨 지정 및 표시
plt.gca().invert_yaxis() # y축 뒤집기
plt.ylim(1000, 99) # y축 범위 지정
plt.yticks(p_val, p_label, fontsize = 12.) # y축 눈금 라벨 지정 및
표시
plt.xlabel(str(xname) + " [" + str(xunit) + "]", \
            fontsize = 16) # x축 제목 지정 및 표시
plt.xticks(fontsize = 16.) # x축 눈금 라벨 크기 지정
plt.ylabel(str(yname) + " [" + str(yunit) + "]",\
            fontsize = 16) # y축 제목 지정 및 표시
plt.yticks(fontsize = 11.) # y축 눈금 라벨 크기 지정
plt.title(udate + "UTC", fontsize=20) # 그림 제목 지정 및 표시
plt.tight_layout() # 그림 확대
plt.savefig("fig_4_4.png") # 그림 저장
plt.show() # 그림 확인
```

형식
plt.contourf([x], [y], [z], [level], colors = [cmaps], ⋯)

매개변수	설정하는 특성	옵션
[x]	z 값의 x 값들	2차원 배열/리스트
[y]	z 값의 y 값들	x와 길이가 같은 2차원 배열/리스트
[z]	z 값	x, y와 길이가 같은 2차원 배열/리스트
[level]	등고선 간격	1차원 배열/리스트
colors	등고선 색	문자열 리스트/색지도(colormap)

표 4-19. 채운 등고선을 그리는 plt.contourf() 함수.

형식		
plt.contour([x], [y], [z], [level], colors = [cmaps], hold=[on])		
매개변수	설정하는 특성	옵션
[x]	z 값의 x 값들	2차원 배열/리스트
[y]	z 값의 y 값들	x와 길이가 같은 2차원 배열/리스트
[z]	z 값	x, y와 길이가 같은 2차원 배열/리스트
[level]	등고선 간격	1차원 배열/리스트
colors	등고선 색	문자열 리스트/색지도(colormap)
hold	등고선 라벨 표시	'on'/'off'

표 4-20. 등고선을 그리는 plt.contour() 함수.

4-5. 해면기압과 지상강수의 예측 초기 분포

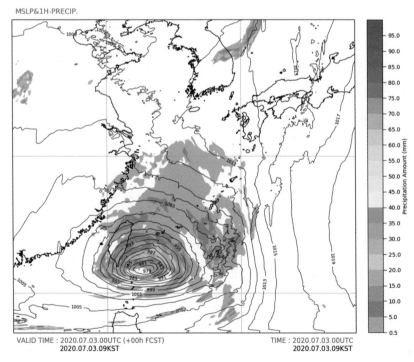

그림 4-5. 예측 초기 해면기압(등고선)과 1시간 강수(채운 등고선) 분포(2020년 7월 3일 00UTC).

이 절의 분석방법은 태풍의 수평적 구조와 강수의 분포, 태풍의 중심 위치를 파악할 수 있습니다. 그림 4-5는 2020년 0호 가상 태풍 TYPHOON1 기간의 7월 3일 00UTC에 예측한 초기 해면기압과 1시간 강수의 분포입니다. 해면기압은 등고선, 1시간 강수는 채운 등고선으로 그렸습니다. 강수의 색은 기상청에서 사용하는 강우강도에 따른 컬러바를 적용하였습니다.

그림 4-5 차트는 iris 라이브러리와 수치 모델의 단일면 파일을 읽어 2020년 0호 가상 태풍 TYPHOON1 기간의 7월 3일 00UTC에 예측한 수치모델 단일면자료를 읽어 예측 초기 해면기압과 1시간 강수의 분포를 그리는 과정을 수행합니다. 진행 순서는 다음과 같습니다.

1) 강우강도와 색을 정의한 참조파일 읽기
2) 수치모델 단일면 자료의 예측 초기 해면기압과 1시간 강수 데이터 읽기
3) iris.plot 인터페이스 이용 해면기압과 1시간 강수 분포 그리기

라이브러리와 인터페이스를 호출하고 rain_amount.rgb 파일을 이용하여 강우강도에 따른 색 정보를 불러옵니다. 강우강도에 따른 색 정보의 순서가 반대로 되어 있어 순서를 뒤집어 준 후 빨강, 초록, 파랑순으로 치환합니다.

```python
# -! 라이브러리 및 인터페이스 호출
import iris, iris.plot as iplt
import numpy as np, matplotlib.pyplot as plt
import matplotlib.ticker as mticker
import time, datetime
from datetime import timedelta

# -! 참조파일 이용 강수강도와 색 할당
rain_rgb_dir = "./data" # 폴더 지정
rain_rgb_fname = "rain_amount.rgb" # 파일 지정
precip_levs, red, green, blue = \
```

```
        np.loadtxt(rain_rgb_dir+"/"+rain_rgb_fname, \
        skiprows = 1, unpack = True, delimiter = ",")
        # np.loadtxt() 함수 이용 아스키 파일 읽기
red = red[::-1]; green = green[::-1]; \
blue = blue[::-1]  # 리스트 순서 뒤집기
colors = np.array([red, green, blue]).T # np.array().T 이용 빨강,
초록, 파랑 순 치환
```

형식
np.loadtxt([fname], skiprows=[skiprows], delimiter=[delimiter],₩ unpack=[True], ...)

매개변수	설정하는 특성	옵션
[fname]	텍스트 파일	문자열
skiprows	파일의 스킵할 줄 수	0(기본)/정수형 숫자
delimiter	문자열 구분자	문자열 ex. ','
unpack	언팩 여부	None(기본)/True/False

표 4-21. 텍스트 파일을 읽는 np.loadtxt() 함수.

프롬프트에서 colors를 입력하면 다음과 같고 입력한 색 정보는 255가 아닌 소수점 단위로 출력됩니다.

단일면 예측자료 읽기는 iris.AttributeConstraint() 함수를 이용하여 STASH 코드로 지정한 변수만 큐브(Cube)로 읽습니다. 큐브 mslp와 acc_precip는 위도, 경도의 2차원 배열을 갖습니다.

```
>>> colors
array([[0.722, 0.722, 1.   ],
       [0.498, 0.6  , 0.898],
       [0.498, 0.706, 0.824],
       [0.498, 0.824, 0.706],
       [0.784, 1.   , 0.588],
       [0.588, 1.   , 0.471],
       [0.392, 0.98 , 0.392],
       [0.196, 0.941, 0.196],
       [1.   , 1.   , 0.706],
       [1.   , 1.   , 0.51 ],
       [1.   , 0.98 , 0.314],
       [1.   , 0.941, 0.196],
       [1.   , 0.824, 0.588],
       [1.   , 0.706, 0.471],
       [1.   , 0.588, 0.353],
       [1.   , 0.392, 0.196],
       [1.   , 0.294, 0.157],
       [1.   , 0.196, 0.118],
       [1.   , 0.098, 0.078],
       [0.98 , 0.   , 0.   ],
       [1.   , 0.   , 0.   ]])
```

```
# -! iris이용 파일 읽기
fname="./data/mslp_rain1h_2020070300_f00.nc" # 폴더, 파일 지정
mslp_stash = iris.AttributeConstraint( \
                              STASH = 'm01s16i222')
           # 해면기압의 STASH 코드 지정
precip_stash = iris.AttributeConstraint( \
                              STASH = 'm01s04i201')
              # 1시간 강수의 STASH 코드 지정
mslp = iris.load_cube(fname, mslp_stash) # 해면기압, 큐브로 읽기
acc_precip = iris.load_cube(fname, precip_stash)
          # 강수량, 큐브로 읽기
```

형식		
iris.AttributeConstraint(STASH=[stashcode], …)		
매개변수	**설정하는 특성**	**옵션**
STASH	큐브(Cube)의 속성	stashcode: 문자열 형태 STASH 코드

표 4-22. 큐브(Cube)의 속성을 제한하는 iris.AttributeConstraint() 함수.

형식		
iris.load_cube([fname], …)		
매개변수	**설정하는 특성**	**옵션**
fname	파일명	문자열

표 4-23. 단 하나의 큐브(Cube)를 읽는 iris.load_cube() 함수.

프롬프트에서 print mslp, acc_precip를 입력하면 다음과 같이 배열 좌표(Dimensional Coordinates)와 스케일 좌표(Scalar coordinates), 속성(Attributes)에 대한 정보를 확인할 수 있습니다. 속성의 STASH 코드가 iris.AttributeConstraint() 함수로 지정한 코드와 동일함도 확인할 수 있습니다.

```
>>> print mslp
air_pressure_at_sea_level / (Pa)        (latitude: 738; longitude: 830)
     Dimension coordinates:
          latitude                          x              -
          longitude                         -              x
     Scalar coordinates:
          ForecastPeriod: 0.0 hours
          ForecastRefTime: 2020-07-03 00:00:00
          time: 2020-07-03 00:00:00
     Attributes:
          Conventions: CF-1.5
          STASH: m01s16i222
>>> print acc_precip
acc1h_rainfall_amount / (kg m-2)        (latitude: 738; longitude: 830)
     Dimension coordinates:
          latitude                          x              -
          longitude                         -              x
     Scalar coordinates:
          ForecastPeriod: -0.5 hours, bound=(-1.0, 0.0) hours
          ForecastRefTime: 2020-07-03 00:00:00
          time: 2020-07-02 23:30:00, bound=(2020-07-02 23:00:00, 2020-07-03 00:00:00)
     Attributes:
          Conventions: CF-1.5
          STASH: m01s04i201
```

그림의 캡션 추가를 위해 시간 정보를 할당합니다. 시간은 큐브(Cube)의 좌표 정보를 이용하여 선언할 수 있습니다. 큐브 mslp와 acc_precip의 시간 확인은 Cube.coord('time')를 이용합니다. acc_precip의 시간 정보는 시간 좌표 정보의 bounds 값을 이용합니다. 시간 좌표 정보의 bounds[-1] 값은 그레고리력과 units.num2date() 함수를 이용하여 단위를 맞춥니다. 선택한 시간 값은 timedelta() 함수로 표시하고자 하는 시간을 계산하고 strftime() 함수를 이용하여 원하는 형태로 할당합니다.

```
# -! 캡션 추가를 위한 시간 할당
rain_time = acc_precip.coord('time') # 강수량 큐브에서 시간 좌표 정보 추출
rain_udate = rain_time.units.num2date( \
                                        rain_time.bounds)
            # 시간 좌표 정보에서 bounds 정보 추출 후 yyyymmddhh 형태로 변경
rain_udate = rain_udate[-1] # 표시할 분석 시간 지정
udate_str = rain_udate.strftime('%Y.%m.%d.%HUTC')
            # yyyy.mm.dd.hh UTC 형태 할당
ch_kdate = rain_udate + timedelta(hours = 9)    # 로컬 시간 계산 :
UTC → KST
kdate_str = ch_kdate.strftime('%Y.%m.%d.%HKST')
            # yyyy.mm.dd.hhKST 형태 할당
```

iplt 인터페이스를 이용하여 큐브(Cube) mslp, acc_precip를 바로 등고선과 채운 등고선을 그립니다. Iplt 인터페이스는 큐브 정보를 이용하여 그림을 그립니다.

```python
# -! 그리기
fig = plt.figure(figsize = (11, 10))
mslp_levs = np.arange(mslp.data.min(), \
                      mslp.data.max(), 2)
            # 등고선 레벨 지정
p_mslp = iplt.contour(mslp, levels = mslp_levs, \
                      colors = ('k'), linewidths = (0.7))
        # iplt.contour() 함수 이용 해면기압의 등고선 그리기
plt.clabel(p_mslp, fmt = '%4.0f', colors = 'k', \
           fontsize = 8.) # 등고선 라벨 표시
p_precip = iplt.contourf(acc_precip, \
                         levels = precip_levs, \
                         colors=colors)
        # iplt.contourf() 함수 이용 색 채운 강수량
        등고선 그리기
```

형식		
iplt.contour([Cube], levels=[levels], colors=[c], linewidths=[linewidths], …)		
매개변수	**설정하는 특성**	**옵션**
[Cube]	큐브(Cube) 이름	ex. mslp
levels	등고선 간격	1차원 리스트
colors	등고선 색	튜플 ex. ('k')
linewidths	등고선 두께	튜플 ex. (0.7)

표 4-24. 큐브(Cube)로 등고선을 그리는 iplt.contour() 함수.

형식		
iplt.contourf([Cube], levels=[levels], colors=[c], ⋯)		
매개변수	**설정하는 특성**	**옵션**
[Cube]	큐브(Cube) 이름	ex. mslp
levels	등고선 간격	1차원 리스트
colors	등고선 색	튜플 ex. ('k')

표 4-25. 큐브(Cube)로 채운 등고선을 그리는 iplt.contourf() 함수.

해안선, 격자선, 컬러바를 지정하여 그림에 표시합니다.

```
plt.gca().coastlines('10m') # 10m 해상도의 해안선 표시
gl = plt.gca().gridlines() # 격자선 선언
gx = np.arange(100,180,10) # 경도축 격자 범위 지정
gy = np.arange(10,90,10) # 위도축 격자 범위 지정
gl.xlocator = mticker.FixedLocator(gx) # 경도축 격자선 표시
gl.ylocator = mticker.FixedLocator(gy) # 위도축 격자선 표시
cbar = plt.colorbar(p_precip, ticks = \
                precip_levs[: len(precip_levs) - 1], \
                pad = 0.03, shrink = 0.8, \
                format = '%.1f')
                # 채운 등고선 정보에 의한 컬러바 표시
cbar.ax.tick_params(size = 6.5) # 컬러바 축 눈금 라벨 크기 지정
cbar.ax.set_ylabel('Precipitation Amount (mm)')
                # 컬러바의 y축 제목 지정 및 표시
```

그림의 시간 정보는 plt.annotate() 함수로 원하는 위치에 캡션을 추가하여 그림 4-5를
완성합니다.

```
# -! plt.annotate() 함수 이용 캡션 추가
plt.annotate("MSLP&1H-PRECIP.", (0.01, 1.0362), \
             xycoords = "axes fraction", \
             xytext = (0, -10), \
             textcoords = "offset points", \
             color = 'g', \
             size = 13.) # 변수 정보 지정 및 표시

plt.annotate("VALID TIME : " + udate_str + \
             " (+00h FCST)", (0.01, -0.015), \
             xycoords = "axes fraction", \
             xytext = (0, -10), \
             textcoords = "offset points", \
             color = 'red', size = 12.)
             # 예측 기간 지정 및 표시

plt.annotate(kdate_str, (0.135, -0.04), \
             xycoords = "axes fraction", \
             xytext = (0, -10), \
             textcoords = "offset points", \
             color = 'black', \
             size = 12.) # 예측 기간의 로컬 시간 지정 및 표시

plt.annotate("TIME : " + udate_str, (0.75, -0.015), \
             xycoords = "axes fraction", \
             xytext = (0, -10), \
             textcoords = "offset points", \
             color = 'red', \
             size = 12.) # 분석 시간 지정 및 표시

plt.annotate(kdate_str, (0.815, -0.04), \
             xycoords = "axes fraction", \
             xytext = (0, -10), \
             textcoords = "offset points", \
             color = 'black', \
             size = 12.) # 분석 시간의 로컬 시간 지정 및 표시
plt.tight_layout() # 그림 확대
plt.savefig("fig_4_5.png") # 그림 저장
plt.show()   # 그림 확인
```

형식		
plt.annotate([text], [(x, y)], xycoords =[xycoords], xytext = [(x, y)],₩ textcoords = [textcoords], color = [color], size = [size], …)		
매개변수	설정하는 특성	옵션
[text]	텍스트	문자열
[(x,y)]	텍스트의 xy 지점	실수형 데이터의 튜플 ex. (0.1, 0.7)
xycoords	xy 지점의 좌표계	'axes fraction'/… 'axes fraction': 좌측 하단의 축 프랙션
xytext	텍스트의 xy 위치	실수형 데이터의 튜플 ex. (0, -10)
textcoords	xytext 좌표계	'offset points'/'offset pixels' 'offset points': xy 값 포인트 오프셋 'offset pixels': xy 값 픽셀 오프셋
color	텍스트 색	문자열
size	텍스트 크기	실수형/정수형 숫자

표 4-26. xy 지점에 텍스트를 달아 주는 plt.annotate() 함수.

5. 다양한 자료의 시각화

박훈영(hypark432nm@gmail.com)

이 장에서는 앞서 연습한 내용을 응용하여 자료를 다뤄 보도록 하겠습니다. 시계열 기반의 곡선 접합법(curve fitting), 극지역을 표현하기에 적합한 정사영도법(orthographic projection) 기반의 공간분포 다중표출, 자료의 통계적 특성 파악을 위하여 자주 이용되는 상자수염도(box-whisker plot), 온도 및 바람장 등의 복합 표출, 다변수 선형회귀 분석(multi-variable linear regression)을 연습해 보겠습니다.

5-1. scipy.optimize.curve_fit을 이용한 곡선 접합법

로지스틱 커브는 최솟값에서 최댓값으로 수렴하는 형태의 곡선으로, 계절에 따른 식생 활동의 변화, 예를 들어 겨울철 휴면기에서 여름철 생장기로의 생장과정을 표현하기 위해 자주 이용됩니다. 여기에서는 scipy.optimize.curve_fit 함수를 이용하여 임의의 데이터의 증가 패턴을 가장 잘 표현하는 로지스틱 곡선 계수를 찾는 과정, 즉 로지스틱 곡선 접합법(curve fitting)을 연습하고자 합니다. 식생 활동의 지표인 NDVI(Normalized Difference Vegetation Index)는 겨울에서 여름에 이르기까지 시간에 따라 증가하는 패턴을 보이며, 실제 연구에서는 이와 같은 증가 패턴을 로지스틱 곡선에 근사시켜 생장계절의 시작과 끝을 파악하기 위하여 활용합니다. 이 예제에서는 편의상 난수 함수를 이용하여 NDVI를 임의로 생성하고, 해당 NDVI 데이터에 curve_fit 함수를 적용하여 곡선 접합법을 수행하도록 하겠습니다.

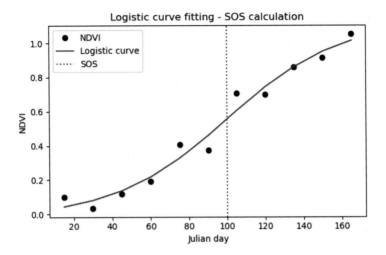

그림 5-1. 로지스틱 커브 접합 결과. 입력 자료로 사용된 NDVI는 검은 원, 접합된 로지스틱 커브는 청색 실선, 계절 진폭의 50%에 도달하는 날짜(생장계절 시작일)는 청색 점선으로 표현되었음.

```
import numpy as np
from scipy.optimize import curve_fit
import matplotlib.pyplot as plt


def logistic(xx, a0,a1,a2,a3):
    yy = ( (-a2) / (1.+np.exp(-a0*(1.-xx*a1))) ) + a3
    return yy
## 로지스틱 커브 함수. curve_fit 함수에 적용하기 위하여 선언되어야 합니다.
## xx는 x축 데이터를 의미. a0부터 a3는 로지스틱 함수의 개형을 결정하는 인자.
## xx와 a0, a1, a2, a3 값이 주어졌을 때, 주어진 x 값과 해당 인자에 따
른 로지스틱 커브의 y 값을 출력


def residuals(a0,a1,a2,a3,yy,xx):
    err = np.absolute(yy - logistic(xx, a0,a1,a2,a3))
    return err
## 로지스틱 커브 접합을 수행한 이후, 계산된 최적 인자 (a0,a1,a2,a3)를 대입한
로지스틱 커브와 실제 관측 값과의 잔차 (fitting error)를 계산하기 위한 함수

##우선 연습을 위한 랜덤 데이터셋을 생성합니다.
np.random.seed(1) ## 난수 생성 과정에 필요한 시드 값 (seed)를 1로 설정
```

```
noise = np.random.randn(24)/20. ## y축 데이터 노이즈
julian = 15. * np.arange(24) +15. ## x축 데이터 값
ndvi = (1. - np.cos((julian)*(2*np.pi/365.)))/2. + noise ##
임의로 생성된 y축 데이터
## 봄/겨울에 최소를 나타내고 여름에 최대를 보이는 계절변화 데이터를 생성.

maxp = np.argmax(ndvi) ## ndvi가 최댓값을 보이는 지점의 위치
pinit = [5.,0.01,0.5,0.5] ## 곡선 접합과정에서 사용될 각 인자
(a0,a1,a2,a3)의 초기 값

if maxp > 3: # 주어진 y 값 최댓값이 4번째 이후에 존재하는 경우,
    try: # try except 구문; curve_fit 실패를 대비.
        xdat = julian[:maxp+1] # 0번 데이터부터 maxp, 즉 최댓값이 나
타나는 시점까지의 x 값
        ydat = ndvi[:maxp+1] # 0번 데이터부터 maxp, 즉 최댓값이 나타
나는 시점까지의 y 값

        popt, pcov = curve_fit(logistic, xdat, ydat,
                p0=pinit, bounds=([0,0,0,0], [100,2,2,2])) #
curve_fit은 이하의 표 참조
        a0,a1,a2,a3 = popt
        sos = 1./a1 # 생장계절시작일 (NDVI 계절진폭의 50%에 도달하는
날짜)
        err = np.sum(residuals(a0,a1,a2,a3, ydat, xdat))
        print ('SOS:',format(sos, '3.1f'), ' Err:',
format(err, '1.3f'))

    except RuntimeError:
        sos = np.nan
        print ('Fitting failure! Input or bounding problem?')
        raise SystemError
# curve_fit을 수행하기에 입력자료가 부족한 경우, 혹은 계산이 수렴하지 않아 곡선
접합이 실패한 경우에는 Runtime Error가 발생할 수 있음.
# try except 구문을 이용하여 에러를 출력시키고 계산을 중단시키는 역할.

if ~np.isnan(sos): # curve_fit이 성공한 경우, 이를 간략히 시각화하는 과정.
    plt.figure(figsize = (6,4))
    plt.plot(xdat,ydat,'o',label = 'NDVI', color = 'k')
```

```
plt.plot(xdat,logistic(xdat,a0,a1,a2,a3),color ='b'
        ,label = 'Logistic curve')
plt.axvline(x = sos, color = 'b', linestyle = ':'
            ,label = 'SOS') # 특정 x 위치에 연직선을 그리는 옵션
plt.xlabel('Julian day')
plt.ylabel('NDVI')
plt.legend()
plt.title('Logistic curve fitting - SOS calculation')
plt.tight_layout()
plt.show()
```

위와 같은 방법을 통하여 주어진 데이터를 가장 잘 설명하는 최적의 로지스틱 커브를 계산할 수 있습니다. 해당 방법론은 로지스틱 곡선뿐만 아니라 다항식, 지수함수 등에 공통적으로 적용 가능한 방법입니다. 여기서 사용된 scipy.optimize.curve_fit은 최소자승법(least square method)을 이용, 미리 설정된 함수 형태에 기반하여 x 및 y 값을 가장 최소한의 오차로 설명하는 최적의 함수 인자를 찾아내는 함수입니다. curve_fit은 다변수 회귀분석, 다항식, 지수함수식, 로지스틱 커브 등 다양한 곡선을 대상으로 범용적으로 이용될 수 있습니다. curve_fit 사용 과정에서 자주 사용되는 옵션에 대한 설명은 이하와 같습니다.

형식	
popt, pcov = curve_fit([func], [xdat], [ydat], p0=[pinit], bounds=([minimums], [maximums]), ...)	
출력 결과 및 매개변수	
popt	curve_fit의 결과물로서 반환되는 최적 함수 인자 (위 예제의 a0, a1, a2, a3)로, 주어진 자료를 가장 잘 설명할 수 있는 인자.
pcov	반환된 함수 인자의 공분산 값.
[func]	curve_fit을 수행할 함수의 기본 개형(위 예제의 로지스틱 커브). 함수 정의(def)를 통하여 선언되어 있어야 함.
[xdat]	입력되는 자료의 x 값
[ydat]	입력되는 자료의 y 값

p0	최소자승법 과정에 함수 인자의 초기 추정값을 주는 옵션. 함수 인자와 동일한 갯수의 값이 입력되어야 함.
bounds	함수 인자의 범위를 결정하는 옵션. 함수 인자가 특정 범위 내에 존재하는 경우(ex 항상 양의 값을 지니는 경우), 이 옵션을 주어서 해당 조건을 만족하는 최적 함수 인자를 찾을 수 있음. 함수 인자와 동일한 갯수의 최솟값 및 최댓값이 함께 입력되어야 함. ex) bound = [[0, 0, 0, -np.inf], [100, 10, +np.inf, 0]]인 경우, 이는 $0 \leq a0 \leq 100$, $0 \leq a1 \leq 10$, $0 \leq a0 \leq \infty$, $-\infty \leq a0 \leq 0$ 임을 의미함.

표 5-1. scipy.optimize.curve_fit 옵션 설명.

이와 같은 방법론을 통하여 곡선 접합(curve fitting)을 수행할 수 있습니다. 선형 관계의 경우, scipy.stats.linregress를 이용하여 분석을 하는 것이 가장 쉬우나, 비선형 함수나 다변수 선형 함수를 기반으로 곡선 접합을 수행하는 경우에는 이 예제에서 이용된 scipy.optimize.curve_fit이 큰 도움이 됩니다.

5-2. gridspec.GridSpec을 이용한 공간분포의 다중 표출

이 절에서는 Cartopy 및 gridspec을 이용하여 서브플롯을 다루고 공간분포를 그리는 방법을 다룹니다. plt.subplot은 충분히 강력한 도구이지만, 그림을 한꺼번에 많이 표출하는 경우에는 gridspec을 함께 이용하는 것이 더욱 효율적으로 시각화를 할 수 있습니다. 이 절에서는 예제 데이터로 활용할 자료는 NDVI 자료입니다. 해당 NDVI 자료는 지면 식생의 활성도를 나타내는 지표로써 다양한 연구에서 이용된 바 있습니다. 해당 NDVI 자료를 이용하여 1월부터 6월까지 매달 중순의 NDVI 분포를 한꺼번에 표출하는 것이 이절의 목표입니다. 이 예제에서는 샘플데이터로 제공하는 2015년도 1월 중순부터 6월 말까지의 NDVI 자료 (ndvi_0.5deg_2015.npy)를 사용하였으며, 굳이 해당 자료가 아니더라도, 온도나 강수 등 타 변수 공간 분포를 이용하여 이 예제를 진행하여도 무관합니다.

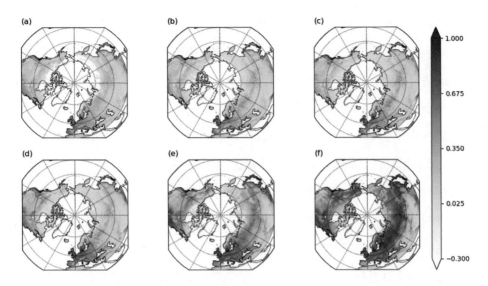

그림 5-2. 북반구 북위 30도 이상 지역의 NDVI 공간 분포. 2015년 (a) 1월 중순, (b) 2월 중순, (c) 3월 중순, (d) 4월 중순, (e) 5월 중순, (f) 6월 중순을 대상으로 나타내었음.

```
import numpy as np
import matplotlib.pyplot as plt
import cartopy.crs as ccrs
import matplotlib.gridspec as gridspec


fpath = './Data/ndvi_0.5deg_2015.npy'
# 샘플로 제공하는 2015년도 NDVI 데이터.
# 필요 시 데이터 경로를 변경하여 사용할 것.


raw_ndvi = np.load(fpath)# npy 형태의 NDVI 공간분포데이터 읽기
# (24,360,720) 차원의 데이터로, 각각 (시간, 위도, 경도) 차원을 의미.
# 공간해상도 0.5도, 시간해상도 15일 간격의 자료. 1월부터 12월까지 월별 2회씩
총 24회의 시간변화를 보여줌.
lon = 0.5* np.arange(720) - 180. +0.25 # NDVI 경도정보 만들기
lat = 0.5* np.arange(360) - 90. +0.25  # NDVI 위도정보 만들기
jul = 15. + 15.* np.arange(24) # NDVI 시간정보 (Julian day) 만들기
latid = np.where((lat>=30.) * (lat<=80.))# 북위 30~80도 지역 좌표
확인
lat = lat[latid]
yy0,yy1 = latid[0][0], latid[0][-1]
```

np.where을 위와 같은 형태로 조건을 주어 적용하는 경우, n차원 데이터에 대한 np.where의 결과물은 튜플(Tuple)로 제공되며, 조건을 만족하는 데이터의 인덱스(index)를 ([첫 번째 차원 인덱스 리스트], [두 번째 차원 인덱스 리스트], …, [n 번째 차원 인덱스])의 형태로 가집니다. 예를 들어, data = np.array([[0., 0., 0.], [5., 0., 0.], [0., 0., 5.]])의 2차원 데이터에 test_idx =np.where(data == 5)를 적용시키는 경우, test_idx의 결과물은 (array([1, 2]), array([0, 2]))로 반환됩니다. 이는 (1, 0) 및 (2, 2) 좌표가 해당하는 조건에 만족한다는 것을 의미하며, 조건을 만족하는 좌표 리스트 중에서 첫 번째 차원의 인덱스만 추출하고 싶은 경우에는 idx[0]으로 입력하면 [1, 0]이 반환되게 됩니다. 위의 예제에서 np.where에 1차원 데이터인 lat이 입력 자료로 이용되었으므로, latid는 ([첫 번째 차원 인덱스 리스트])의 형태를 지니며, latid[0][0]은 첫 번째 차원 인덱스 중 최초의 인덱스, latid[0][-1]은 첫 번째 차원 인덱스 중 마지막 인덱스를 의미하게 됩니다. 이를 이용하여 원하는 지역, 즉 yy0부터 yy1까지의 데이터를 대상으로 슬라이싱(slicing)을 할 수 있습니다.

```
ndvi = raw_ndvi[::2, yy0:yy1+1,:]
#분석 대상 자료 읽어 오기
#해당 자료는 15일 간격의 자료로, 30일 간격으로[::2] 건너뛰며 데이터 로드.
idx = np.where((ndvi < -0.3) + (ndvi>1.0)) # 정상 범위 이외의 데이
터 좌표 파악
ndvi[idx] = np.nan #에러 데이터 예외처리 수행

projection_type = ccrs.Orthographic(central_longitude=0.,
central_latitude=90.)
minlon,maxlon,minlat,maxlat = -180,180.,30.,90.
# 이 예제에서는 Cartopy를 이용하여 시각화를 수행하였음.
# ccrs.Orthographic은 정사영도법 기반의 2차원 시각화로, 고위도 지역의 변화
를 살펴보는 경우에 효과적인 도법.

fig = plt.figure(figsize = (10,6), dpi = 100)
gs1 = gridspec.GridSpec(2,3, left=0.01, right=0.9 , top = 0.95,
bottom = 0.1)
```

```
# gridspec.GridSpec의 경우, 대소문자에 유의.
# GridSpec 상세 옵션은 아래 표 참조
cgs = gridspec.GridSpec(1,1, left=0.91, right=0.93, top = 0.95,
bottom = 0.1)
cax = plt.subplot(cgs[0]) # 컬러바를 할당할 서브플롯인 cax
```

1월부터 6월까지의 NDVI 분포와 컬러바 위치를 배정하기 위하여 gridspec.Gridspec이 사용되었습니다. 해당 함수는 격자 형태로 plt.figure를 분할하여 서브플롯의 위치를 지정하고 배치하기 쉽도록 합니다. gs1의 경우, figure fraction을 기준으로 수평적으로는 0.01~0.9, 수직적으로는 0.1~0.95의 공간에 2행 3열의 격자를 생성하고, cgs의 경우 수평적으로 0.91~0.93, 수직적으로 0.1~0.95의 공간에 1행 1열의 격자를 생성합니다. 여기서 figure fraction coordinate는 그림 내에서의 위치를 상대적인 비율로 나타낸 것으로, 수평축의 경우에는 가장 왼쪽의 픽셀이 0.00, 가장 오른쪽의 픽셀이 1.00이며, 수직 축의 경우 가장 아래쪽의 픽셀이 0.00, 가장 위쪽의 픽셀이 1.00이 됩니다. 예를 들어, figure fraction coordinate로 x=0.90 및 y=0.95인 지점은 각각 전체 그림 폭 대비 왼쪽으로부터 90%에 해당하는 지점, 전체 그림 높이 대비 아래쪽으로부터 95%에 해당하는 지점, 즉 그림의 우상단 지점을 지시하게 됩니다. gridspec의 상세한 용법은 이하와 같습니다.

형식		
matplotlib.gridspec.GridSpec(nrows, ncols, left=None, bottom=None, right=None, top=None, wspace=None, hspace=None, width_ratios=None, height_ratios=None)		
매개변수	**설정하는 특성**	**옵션**
nrows	gridspec의 행 수	자연수
ncols	gridspec의 열 수	자연수
left bottom right top	gridspec의 왼쪽 경계 gridspec의 아래쪽 경계 gridspec의 오른쪽 경계 gridspec의 위쪽 경계	0과 1 사이의 실수로 입력되어야 하며, 해당 값은 figure fraction을 의미함.

wspace	gridspec 내부의 격자간 수평 간격.	0과 1 사이의 실수. 값이 클수록 격자 간 수평 간격이 넓어짐.
hspace	gridspec 내부의 격자 간 수직 간격.	0과 1 사이의 실수. 값이 클수록 격자 간 수직 간격이 넓어짐.
width_ratios	gridspec 격자 간 수평 비율	ncols과 동일한 원소 수를 가지는 리스트 ex) ncols 3일 경우, width_ratio = [1, 1, 3]
height_ratios	gridspec 격자 간 수직 비율	nrows과 동일한 원소 수를 가지는 리스트 ex) nrows 2일 경우, width_ratio = [1, 0.5]

표 5-2. gridspec.Gridspec의 상세 옵션.

```
minr,maxr = -0.3, 1.
labset = ['(a)','(b)','(c)','(d)','(e)','(f)',]
lon2d, lat2d = np.meshgrid(lon, lat)  # np.meshgrid를 이용하여 2
차원 위경도 자료 생성
for mm in range(6): # 1월부터 6월까지
    result = ndvi[mm,:,:]
    ax = plt.subplot(gs1[mm], projection = projection_type)
   # 앞서 projection_type이라는 변수로 지정된 도법을 바탕으로 하는 서브플
롯을 선언.
    ax.set_extent([minlon,maxlon,minlat, maxlat],
           crs = ccrs.PlateCarree())
   #ccrs.PlateCarree(), 즉 위경도 좌표를 기반으로 해당 서브플롯의 공간범
위를 지정.
```

for 구문을 이용하여 생성된 gridspec에 순차적으로 서브플롯을 선언합니다. gridspec
을 이용하여 만들어진 gs1의 각 격자는 gs1[행 번호, 열 번호]의 형태로 호출되거나,
좌측 상단부터 우측 하단까지 순차적으로 gs1[번호]로 호출될 수 있습니다. Cartopy
사용을 위하여 plt.subplot에서 projection 옵션을 이용하여 미리 선언해둔 ccrs.Or-
thographic을 적용하였습니다. 적용 후, 분석 대상 지역을 설정하기 위하여 ax.set_ex-
tent를 이용하여 공간 범위를 설정하였습니다. 위도/경도 정보를 바탕으로 공간 범위를
설정하고 싶다면 crs = ccrs.PlateCarree()를 설정해 주셔야 합니다. ccrs.PlateCarree()
옵션을 설정하지 않는 경우, 위경도 좌표계가 아닌 좌표계로 인식되어 공간 범위가 이상

하게 설정될 수 있습니다. 또한, 위 코드를 실행할 시에 ShapelyDeprecationWarning 이 발생하는 경우, Cartopy의 버전을 확인하여 20.0.2 이상으로 업데이트를 해 주세요.

plt.subplot을 이용하여 특정 서브플롯 (ax)이 선언된 이후부터, 해당 서브플롯에 그림을 그리기 위해서는 plt.plot이나 plt.pcolormesh가 아니라 ax.plot, ax.pcolormesh 등을 사용해야 합니다. 이는 향후에 ax1, ax2, ax3 등 여러 서브플롯을 동시에 활용하여 다른 특성을 그림으로 시각화해야 할 때에 중요합니다.

```
cs = ax.pcolormesh(lon2d, lat2d, result, cmap = 'YlGn',
transform=ccrs.PlateCarree() ,
                    vmin = minr, vmax = maxr, zorder = 4)
    # 선언된 서브플롯  ax에 자료 공간분포를 음영으로 표현
    # Cartopy를 바탕으로 2차원 위경도 좌표계를 이용하여 공간분포를 그리므로,
transform=ccrs.PlateCarree() 옵션을 적용하여야 함.
    # 만약 transform=ccrs.PlateCarree()을 적용하지 않는 경우, 좌표계가
위경도 시스템을 따르지 않아 plt.pcolormesh 결과가 제대로 표출되지 않을 수 있
습니다.

gl = ax.gridlines(crs = ccrs.PlateCarree() ,color = 'k',
        linestyle = ':',xlocs = np.arange(-180,181,30),
ylocs = np.arange(30,90,20.),
        zorder = 10, draw_labels = False)
    # 위경도 격자선 세팅.
    ax.coastlines(linewidth = 0.5, zorder=7) # 해안선 표현
    ax.set_title(labset[mm], loc = 'left')
    # 주의) plt.title, plt.ylim, plt.xlim 등의 일부 함수의 경우, 서브
플롯에 적용할 때에는 ax.set_title, ax.set_ylim, ax.set_xlim로 바꾸어
적어야 합니다.

clevs = np.linspace(minr,maxr,5)
cbar = plt.colorbar(cs, extend='both', cax=cax, ticks =
clevs, orientation = 'vertical')
plt.show()
```

여기서 zorder는 그려지는 요소(pcolormesh, gridline, scatter, plot, contour 등)의 상대적인 표출 순서(z축, 즉 각 레이어의 높이를 생각하면 됩니다)를 이야기합니다. zorder 값이 작으면 밑에, 크면 위에 덧칠된다고 생각하시면 됩니다. 여기서는 pcolormesh 위에 gridline을 덧칠하여야 하는 것이므로, pcolormesh보다 gridline의 zorder를 높게 주었습니다. zorder는 이하의 5-4절 일기도 예제에서 본격적으로 다루어 보겠습니다.

이와 같이 gridspec을 이용하여 여러 종류의 그림을 한꺼번에 표출할 수 있습니다. matplotlib.gridspec.Gridspec은 매우 활용성이 높은 기능이며, 익숙해지면 다양한 데이터를 표출하는 과정에서 큰 도움이 됩니다. Gridspec의 공식 튜토리얼도 간단히 따라해 보는 것이 좋습니다(https://matplotlib.org/tutorials/intermediate/gridspec.html).

5-3. 공간 분포 자료를 이용한 상자수염도 표출

이 절에서는 GIMMS NDVI3g를 이용하여 북반구 지역의 NDVI 패턴을 그리고, 위도별 NDVI의 특성을 plt.boxplot을 이용하여 상자수염도(box-whisker plot)으로 나타내고자 합니다. 상자수염도는 데이터의 분포 특성(중앙값, 5th, 25th, 75th, 95th 분위 값 등)을 쉽게 나타낼 수 있는 방법입니다. 히스토그램이나 확률분포함수에 비해서는 데이터의 상세한 분포 특성을 나타내지 못한다는 한계가 있지만, 다양한 데이터 간의 분포 특성을 비교하여야 하는 경우에는 상자수염도가 큰 도움이 됩니다. 여기에서는 상자수염도를 이용하여 각 위도 범위에서의 NDVI의 특성을 나타내어 보겠습니다. 상세한 방법은 이하와 같습니다.

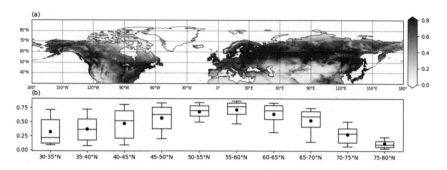

그림 5-3. (a) 북반구 북위 30도 이상 지역의 2015년도 6월 말 NDVI 공간 분포. (b) 각 위도 범위별 NDVI의 상자수염도. 평균값(점), 중간값(실선), 25번째 및 75번째 분위수(상자), 10번째 및 90번째 분위수(수염)를 나타내었음.

```python
import numpy as np
import matplotlib.pyplot as plt
import cartopy.crs as ccrs
import matplotlib.gridspec as gridspec

fpath = './Data/ndvi_0.5deg_2015.npy' # 예제 NDVI 공간분포데이터
raw_ndvi = np.load(fpath)

lon = 0.5* np.arange(720) - 180. +0.25 # NDVI 경도정보 만들기
lat = 0.5* np.arange(360) - 90. +0.25  # NDVI 위도정보 만들기
jul = 15. + 15.* np.arange(24) # NDVI 시간정보 (Julian day) 만들기
latid = np.where((lat>=30.) * (lat<=80.)) # 북위 30도~80도 지역 좌표 확인
lat = lat[latid] ## 앞 절에서의 방법과 동일한 방법으로 NDVI를 처리합니다.
yy0,yy1 = latid[0][0], latid[0][-1]
ndvi = raw_ndvi[11, yy0:yy1+1,:]
### 샘플데이터를 위도에 따라 잘라내고, 12번째 시간 자료, 즉 180일경 (6월 말)의 NDVI를 불러옵니다.

idx = np.where((ndvi < -0.3) + (ndvi>1.0)) # 정상범위 이외의 데이터 좌표 파악
ndvi[idx] = np.nan # 에러 데이터 예외처리 수행
```

```
idx = np.where((ndvi < -0.3) + (ndvi>1.0)) # 정상범위 이외의 데이
터 좌표 파악
ndvi[idx] = np.nan # 에러 데이터 예외처리 수행

pft = np.zeros(ndvi.shape)
# NDVI와 동일한 차원을 가지는 pft 행렬을 임의로 생성합니다. 해당 행렬에 각 지
역의 위도에 따른 인덱스를 부여하고, 아래에서 상자수염도를 그릴 때에 해당 인덱스를
이용하여 각 위도범위의 자료를 불러오는데에 이용됩니다.
# 이와 같은 방법을 응용하여, 특정 국가나 특정 지면 유형 등을 대상으로 지역별/유형
별 상자수염도를 쉽게 그릴 수 있습니다. 여기에서는 편의상 위도 범위를 이용하여 인덱
스를 이하 같이 생성합니다.

for ii in range(10): ## 10개 구간을 대상으로
    lat0 = 30. + ii*5.
    lat1 = 30. + (ii+1)*5. # 30도부터 5도 간격으로 구간 설정
    latid = np.where((lat >= lat0) * (lat < lat1))[0]
    yy0, yy1 = latid[0], latid[-1]+1 # 해당구간의 경도 인덱스 파악
    pft[yy0:yy1,:] = ii ### 해당 구간에 ii 값 부여
```

이 예제에서는 약간 번거롭지만 pft 행렬을 생성하여 각 지역의 위도에 따라 ii 인덱스
(index)를 부여하고, 해당 ii 인덱스(index)를 바탕으로 NDVI 자료를 추출하여 상자
수염도를 그리고자 하였습니다. 단순히 위도 범위에 따라 상자수염도를 그리는 것은
np.where을 이용하여 간략히 수행할 수 있지만, 지역 선정 기준이 복잡한 경우, 예를 들
어 특정 국가나 지역, 식생 유형 등을 대상으로 데이터 분석을 수행하는 경우에는 이처
럼 인덱스(index) 행렬을 생성/이용하여 진행하는 방식이 쉬운 경우가 많습니다.

```
projection_type = ccrs.PlateCarree(central_longitude=0.)
minlon,maxlon,minlat,maxlat = -180,180.,30.,90. # 공간 범위를 미
리 설정.

fig = plt.figure(figsize = (12,4), dpi = 100)
gs0 = gridspec.GridSpec(1,1, left=0.1, right=0.90 , top = 0.95,
bottom = 0.5)
```

```
ax0 = plt.subplot(gs0[0], projection = projection_type)
#앞서 다룬 gridspec을 이용하여 공간분포용 서브플롯의 위치를 잡아줍니다.
cgs = gridspec.GridSpec(1,1, left=0.91, right=0.93, top = 0.95,
bottom = 0.5)
cax0 = plt.subplot(cgs[0])  #컬러바를 위한 서브플롯 선언
gs1 = gridspec.GridSpec(1,1, left=0.1, right=0.90 , top = 0.43,
bottom = 0.1)
ax1 = plt.subplot(gs1[0])
#마찬가지로 gridspec을 이용하여 상자수염도를 위한 서브플롯 위치를 잡아줍니다.
minr,maxr = 0., 0.8 #공간분포 그림을 위한 NDVI 최솟값 및 최댓값 설정
lon2d, lat2d = np.meshgrid(lon, lat)

ax0.set_extent([minlon,maxlon,minlat, maxlat],
            crs = ccrs.PlateCarree()) #ax0에 공간범위를 설정합니다.
cs = ax0.pcolormesh(lon2d, lat2d, ndvi, cmap = 'YlGn',
transform=ccrs.PlateCarree() ,
                        vmin = minr, vmax = maxr, zorder = 4)
#NDVI 공간분포 그리기
gl = ax0.gridlines(crs = ccrs.PlateCarree() ,color = 'k',
            linestyle = ':',xlocs = np.arange(-180,180.1,30),
            ylocs = np.arange(30., 90.1, 10.),zorder = 7,
            draw_labels = True, x_inline =False, y_inline =
False)

gl.top_labels = False
gl.left_labels = True
gl.bottom_labels = True
gl.right_labels = False
gl.rotate_labels = False
#격자선 및 위경도 레이블 세팅

gl.xlabel_style = {'size': 7, 'color': 'k', 'zorder' : 10}
gl.ylabel_style = {'size': 7, 'color': 'k', 'zorder' : 10}

ax0.coastlines(linewidth = 0.5, zorder=7) # 해안선 그리기
ax0.set_title('(a)', loc = 'left') # 그림 번호 라벨링
clevs = np.linspace(minr,maxr,5) # 컬러바를 위한 레벨 생성
```

```
cbar = plt.colorbar(cs, extend='both', cax=cax0, ticks =
clevs, orientation = 'vertical')
# 미리 선언해두었던 cax0에 컬러바를 그려줍니다.
```

여기서는 plt.boxplot을 이용하여 상자수염도를 생성합니다. 상자수염도에 리스트 혹은
행렬 데이터를 입력하면 해당 데이터 및 옵션을 바탕으로 통계 값을 산정하여 그림에 반
영하게 됩니다. 여기에서는 datadict라는 이름의 딕셔너리(dictionary)를 생성, 데이터
를 집어넣어 plt.boxplot에 입력하도록 하겠습니다.

```
datadict = {} # 딕셔너리(dictionary) 생성

for ii in range(10): # 인덱스 ii 반복문
    lat0 = 30. + ii*5.
    lat1 = 30. + (ii+1)*5.
    bandname = format(lat0, '2.0f') +'-'+format(lat1, '2.0f')+
'°N' # 각 위도 구간의 이름 생성
    idx = np.where((pft == ii) * ~np.isnan(ndvi))
    # pft가 ii이며 NDVI가 np.nan이 아닌 지점 파악
    datadict[bandname] = ndvi[idx] #datadict 행렬을 대상으로 위도
구간의 이름(bandname)에 조건을 만족하는 해당 위도 구간 데이터 (ndvi[idx])를
할당.

ax1.boxplot(list(datadict.values()), showfliers=False, whis =
[10,90], medianprops={'color':'k'}, showmeans =True, meanprop
s={'markerfacecolor':'k', 'markeredgecolor':'None','marker':
'o'})
# 상세 설명 본문 테이블 참조.

ax1.set_xticklabels(list(datadict.keys()))
# datadict.keys(), 즉 datadict에 입력되었던 key 값을 이용하여 각 위도
구간의 이름을 x축 tick에 달아줍니다.
ax1.set_title('(b)', loc = 'left') # 그림 번호 라벨링
plt.show()
```

위에서 ax1.boxplot에 입력되는 데이터인 list(datadict.values())는 datadict에 입력된 위도 구간의 데이터가 순차적으로 포함된 리스트입니다. 즉 [30-35도 행렬, 35-40도 행렬, ⋯ 75-80도 행렬]의 형태로 10개의 np.array를 담고 있는 리스트입니다. 이렇게 입력하는 경우, plt.boxplot은 자동으로 리스트 내의 10개의 np.array 각각을 대상으로 삼아 10개의 상자수염도를 그리게 됩니다. 이 기능을 이용하면 편리하게 여러 데이터의 상자수염도를 그릴 수 있습니다. plt.boxplot은 매우 다양한 옵션을 지원하며, 자주 사용되는 옵션은 다음과 같습니다.

형식
plt.boxplot(x, positions=None, widths=None, vert=None, showfliers=False, whis = None, medianprops=None, showmeans =False, meanprops=None)

매개변수	설정하는 특성	설명
x	입력 데이터	행렬 혹은 리스트로 입력 가능. 리스트로 묶인 행렬을 줄 경우, 리스트 내 각 행렬을 대상으로 상자수염도 표출.
vert	상자수염도 방향	True: 수직 상자수염도 표출 False: 수평 상자수염도 표출
positions	상자수염도의 위치	vert=True : 상자수염도의 x축 좌표 vert=False : 상자수염도의 y축 좌표
widths	상자수염도의 두께	상자가 차지하는 x축 길이
showfliers	수염 범위 초과 데이터 표현 여부	True인 경우, 수염 범위를 초과하는 극단치 (outlier)를 표현함.
whis	수염 범위 설정	수염의 범위 설정. ex) [5,75] : 5th부터 75th.
medianprops	중간값 표출 옵션	중간값 마커(marker)의 색깔, 두께, 종류 등을 변경할 수 있는 옵션.
showmeans	평균값 표출 여부	True인 경우, 평균값을 표출함.
meanprops	평균값 표출 옵션	평균값 마커(marker)의 색깔, 두께 등을 변경할 수 있는 옵션.

표 5-3. plt.boxplot의 주요 옵션.

위의 옵션에서는 딕셔너리(dictionary) 타입을 이용하여 상자수염도를 그리는 방법을 알아보았습니다. 일반적인 경우에는 데이터와 상자수염도를 그릴 좌표(x 데이터 및 positions 키워드)를 이용하여 그리는 것이 편하지만, 다양한 자료를 한번에 도시하는 경우에는 위의 예제처럼 딕셔너리(dictionary)를 활용할 수 있습니다. 딕셔너리(dictionary)를 이용하는 경우, 다중 자료 관리가 크게 편해질 수 있으니 딕셔너리(dictionary) 개념에 익숙해지는 것이 좋습니다.

5-4. 다양한 공간분포 자료의 동시 표출

이 절에서는 다양한 공간분포 자료를 동시에 표출하는 방법을 다룹니다. plt.pcolormesh로 비습을, plt.contour로 온도 및 지위고도를, plt.quiver를 이용하여 바람장을 표출하여 다양한 자료를 동시에 표출하는 것을 연습해 보고자 합니다. 이 섹션에서는 샘플 데이터로 ERA5 재분석자료(2020년 1월 1일 00 UTC)를 이용, 850 hPa 등압면을 대상으로 분석을 진행하였습니다. 분석 코드는 이하와 같습니다.

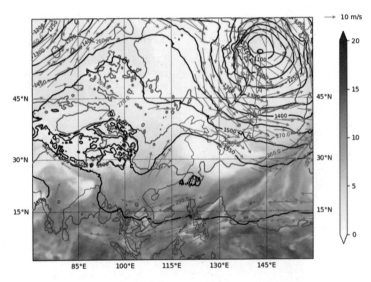

그림 5-4. 2020년 1월 1일의 동아시아 850hPa 등압면의 대기장 특성 공간분포. 지위고도(흑색 실선, m), 평균 온도(적색 실선, K), 비습(음영, g/kg), 바람장(회색 화살표, m/s)를 각각 나타내었음. 바람장의 경우, 풍속이 10 m/s 이상인 지역만 도시하였음.

```python
import numpy as np
import matplotlib.pyplot as plt
import cartopy.crs as ccrs
import matplotlib.gridspec as gridspec
import netCDF4 as nc
from cartopy.mpl.gridliner import LONGITUDE_FORMATTER,
LATITUDE_FORMATTER
#
minlon, maxlon = 70, 160 # 경도 범위 설정
minlat, maxlat = 0, 60 # 위도 범위 설정

fpath = './Data/ERA5_TQUVZ_20200101_00.nc' # ERA5 데이터 파일
ncfile = nc.Dataset(fpath, mode='r')
lon, lat = ncfile.variables['longitude'][:], ncfile.
variables['latitude'][:]
latid = np.where((lat>=minlat) * (lat<=maxlat))[0]
lonid = np.where((lon>=minlon) * (lon<=maxlon))[0]
yy0,yy1 = latid[0], latid[-1]+1
xx0,xx1 = lonid[0], lonid[-1]+1
# 위경도 범위에 해당하는 인덱스 파악

lat, lon = lat[latid], lon[lonid] # 위경도 범위에 따라 lon, lat
slicing
lon2d, lat2d = np.meshgrid(lon, lat) # 2차원 위경도 자료 생성

temp = ncfile.variables['t'][0,yy0:yy1, xx0:xx1] # 위경도 범위의
온도자료 불러오기
shum = ncfile.variables['q'][0,yy0:yy1, xx0:xx1] # 위경도 범위의
비습자료 불러오기
geop = ncfile.variables['z'][0,yy0:yy1, xx0:xx1] # 위경도 범위의
지오포텐셜자료 불러오기
udat = ncfile.variables['u'][0,yy0:yy1, xx0:xx1] # 위경도 범위의
동서풍 자료 불러오기
vdat = ncfile.variables['v'][0,yy0:yy1, xx0:xx1] # 위경도 범위의
남북풍 자료 불러오기
# 위에서 t, q, z, u, v는 ERA5 파일 내의 변수 명을 의미합니다. nc 파일이
가지고 있는 변수에 대한 상세 정보는 해당 nc파일을 nc.Dataset으로 연 이후에
print (ncfile.variables)를 적용하면 손쉽게 확인 가능합니다.
```

```
ncfile.close()

fig = plt.figure(figsize = (8,6), dpi = 100)
gs1 = gridspec.GridSpec(1,1, left=0.01, right=0.9 , top = 0.95,
bottom = 0.1)
cgs = gridspec.GridSpec(1,1, left=0.91, right=0.93, top = 0.90,
bottom = 0.15)
cax = plt.subplot(cgs[0])
projection_type = ccrs.Mercator()
ax = plt.subplot(gs1[0], projection = projection_type) #
Cartopy subplot
ax.set_extent([minlon,maxlon,minlat, maxlat],
          crs = ccrs.PlateCarree()) # ax의 위경도 범위 설정
gl = ax.gridlines(crs = ccrs.PlateCarree() ,color = 'k',
          linestyle = ':',xlocs =
np.arange(minlon,maxlon+1,15),
          ylocs = np.arange(minlat,maxlat+1,15) ,zorder = 7,
draw_labels=True)
# ax에 표현될 위도선 (ylocs) 및 경도선 (xlocs) 위치와 선 스타일 등을 결정
합니다.
# np.arange(A,B,D)는 A 이상 B "미만"까지 D 간격으로 증가하는 어레이를 생
성합니다.
# 이를 고려하여 np.arange(minlon,maxlon+1,15)로 기입, minlon부터
maxlon까지 모두 표현되도록 적용해줍니다.

gl.top_labels = False #그림 위쪽에 표현될 경도선 라벨을 보이지 않게 처리
gl.right_lables = False   #그림 오른쪽에 표현될 위도선 라벨을 보이지 않게
처리

gl.xformatter = LONGITUDE_FORMATTER
gl.yformatter = LATITUDE_FORMATTER
#cartopy.mpl.gridliner.LONGITUDE_FORMATTER 및 LATITUDE_
FORMATTER는 위경도 라벨의 형식을 보기 좋게 변경해줍니다. (ex) 경도 -30.0
=> 30°W, 위도 50.0  => 50°N)
ax.coastlines(linewidth = 0.5, zorder=7)   #해안선 표현
```

위와 같은 방법으로 분석 대상 지역의 데이터를 불러오고, 표출할 그림 및 컬러바의 사

이즈, 도법 등을 결정할 수 있습니다. 기초적인 맵 세팅을 완료했으니, 이제부터는 대기장을 그려 보도록 하겠습니다.

```
qmin, qmax = 0., 20. #표현할 비습의 최솟값, 최댓값을 설정
clevs = np.linspace(qmin,qmax,5)
#np.linspace를 이용하여 qmin부터 qmax까지를 5개의 구간으로 분할
(0,5,10,15,20)
cs = ax.pcolormesh(lon2d, lat2d, shum*1000., cmap = 'YlGnBu',
transform=ccrs.PlateCarree(), vmin = qmin, vmax = qmax,
zorder = 1)
# plt.pcolormesh를 적용하여 비습을 shading으로 표현
# ERA5의 경우, 비습의 단위가 kg/kg이므로 1000을 곱하여 g/kg으로 환산
# 해안선이나 위경도선, 향후 그려질 plt.contour 등을 가리지 않도록 zorder는
낮게 설정하여 그림을 배경처럼 깔아줍니다.
cbar = plt.colorbar(cs, extend='both', cax=cax, ticks =
clevs, orientation = 'vertical')
#위에서 선언한 서브플롯 cax에 컬러바를 그림.
```

plt.contour를 이용하여 해당 그림에 온도 및 지위고도를 추가합니다. 상세한 방법은 이하와 같습니다.

```
tmin, tmax = 240, 300 #일 평균 온도의 범위 설정 (unit: K)
tlev = np.arange(tmin, tmax+1, 10.) # tmin부터 tmax까지 10K 간
격으로 레벨 설정.
cont1 = ax.contour(lon2d, lat2d, temp, colors = 'r', levels =
tlev, zorder = 8,
            vmin = tmin, vmax = tmax, transform=ccrs.
PlateCarree(),)
#plt.pcolormesh와 동일한 방식으로 그림을 그려줍니다. 단, plt.contour가
plt.pcolormesh에 깔려서 가려지지 않도록, zorder를 더 높게 설정해줍니다.
# 주의) plt.pcolormesh와 마찬가지로, Cartopy를 이용하여 그릴 때에는
transform을 잊으면 안됩니다. transform 설정을 하지 않는 경우, 그림이 그려지
지 않을 수 있습니다.
ax.clabel(cont1, inline = True, fmt = '%.1f', fontsize = 8)
# plt.contour 기능을 통하여 그려진 등온선 (cont1)을 따라 라벨을 추가해줍니다.
```

```
# inline=True인 경우, 라벨이 적히는 지점의 등온선을 생략하여 가독성을 높여줍니다.
# fmt = '%.Nf'는 소숫점 N 번째 자리까지 표현한다는 의미입니다.
# '%.1f'를 적용하는 경우에, 123.4567은 반올림되어 '123.5'로 표현됩니다.

zmin, zmax = 1000., 1600. # 850 hPa의 지위고도 범위
zlev = np.arange(zmin, zmax+1, 50.)  # zmin부터 zmax까지 50 m
간격으로 레벨 설정
cont2 = ax.contour(lon2d, lat2d, geop/9.8, colors = 'k',
levels = zlev, zorder = 8,
                   vmin = zmin, vmax = zmax,  transform=ccrs.
PlateCarree(),)
# ERA5의 지오포텐셜을 지위고도 (Geopotential height)로 변환하기 위하여
# 중력가속도 9.8 m s-2로 나눠주었음.

ax.clabel(cont2, inline = True, fmt = '%.0f', fontsize = 8)
# 그려진 등지위고도선  (cont2)을 따라 라벨을 추가해줍니다.
```

마지막으로 바람장을 그려 보도록 하겠습니다. 바람장의 경우, 고해상도 데이터를 그리는 경우에 화살표가 너무 많이 그려지면서 그림이 가려지는 경우가 많습니다. 이를 고려하여 풍속이 10 m/s 미만인 지역은 np.nan로 예외 처리하고 시각화하도록 하겠습니다. 이에 더하여, 화살표의 밀도를 줄이기 위하여 데이터를 일정한 간격으로 건너뛰어 가며 바람장을 시각화하도록 하겠습니다.

```
skipp = 10 # 데이터 건너뛸 간격.
windscale = 10 # 바람장 화살표 범례에 이용할 기준 풍속  값
idx = np.where(np.sqrt(udat**2. + vdat**2.) < 10.) # 풍속 10
m/s 이하 지역 파악
udat[idx] = np.nan # 동서풍 예외처리 수행
vdat[idx] = np.nan # 남북풍 예외처리 수행

quiv = ax.quiver(lon2d[::skipp, ::skipp], lat2d[::skipp,
::skipp],
    udat[::skipp, ::skipp], vdat[::skipp, ::skipp] , units =
'xy', angles = 'uv',
```

```
      zorder = 10, scale_units='inches', scale = 40, headwidth
=5, linewidths = 3,
      transform=ccrs.PlateCarree(),color = 'grey')
# plt.quiver는 바람장을 시각화할 때 이용되는 함수입니다. 2차원 경도, 위도, 동
서풍, 남북풍 정보를 주어서 흔히 볼 수 있는 바람장 그림을 그릴 수 있습니다. 여기에서
는 모든 데이터를 10 (skip) 간격으로 입력([::skipp, ::skipp])하여 성기게
바람장을 그려보았습니다. 상세한 정보는 이하의 표를 참조해주세요.

qk = ax.quiverkey(quiv, 0.9, 0.95, windscale, repr(windscale)
+ ' m/s', labelpos='E', coordinates='figure')
# plt.quiver를 바탕으로 화살표 범례를 생성하는 함수입니다. 앞에서 선언된
quiv를 바탕으로, figure fraction coordinates를 이용하여 좌측으로부터
90%, 하단으로부터 95% 위치에 주어진 값 (windscale)을 대상으로 화살표 범례
를 그리고, 그 밑에 텍스트 정보 (repr(windscale)+'m/s')를 표기합니다.

plt.show()
```

plt.quiver는 2차원 벡터장, 즉 바람장을 그릴 때에 이용되는 함수입니다. plt.quiver의 기본 형식 및 바람장을 그리기 위해 필요한 주요 옵션은 이하와 같습니다.

형식		
plt.quiver([X, Y], U, V, [C], **kw)		
매개변수	**설정하는 특성**	**옵션**
X	경도 정보	1차원 혹은 2차원 행렬 (X, Y, U, V의 차원은 서로 동일하여야 함)
Y	위도 정보	1차원 혹은 2차원 행렬
U	동서풍 정보	1차원 혹은 2차원 행렬
V	남북풍 정보	1차원 혹은 2차원 행렬
color	화살표 색	화살표 전체에 공통으로 적용할 색 정보.
units	화살표 길이 정보	바람장의 경우, 'xy' 로 설정할 것. (U 및 V로 풍속을 계산하여 적용됨.)
angles	화살표 각도 정보	바람장의 경우, 'uv' 로 설정할 것. (U 및 V로 풍향을 계산하여 적용됨.)

scale	사이즈 스케일	클수록 화살표가 전체적으로 짧아짐.
scale_units	사이즈 스케일 유닛	화살표 스케일링 유닛. 'inches'가 편리. scale=2, scale_units='inches'인 경우, 풍속이 1 m/s인 지점의 화살표 길이가 1/scale 인치로 그려짐.
headwidth	화살표 머리 폭	화살표 선분 대비 머리 폭의 배율 (클수록 머리가 두꺼워짐)
headlength	화살표 머리 길이	화살표 선분 대비 머리 길이의 배율 (클수록 머리가 길어짐)

표 5-4. plt.quiver의 주요 옵션.

이와 같은 방법으로 다양한 변수를 하나의 그림에 표출할 수 있습니다. 이 예제에서는 기초적인 방법을 소개해 드렸으며, 각 함수의 상세 설명을 참조하시면 투명도(alpha 옵션)를 넣거나, 등고선 레벨마다 다른 색으로 그리는 등의 다양한 적용이 가능합니다. 특히 zorder 옵션은 복합적인 데이터를 시각화하는 경우에 요긴하게 사용될 수 있으니, 기억해 두시면 큰 도움이 됩니다.

5-5. 다변수 회귀분석 및 데이터 표출

이 절에서는 임의의 데이터를 생성하여 다변수 회귀분석을 진행하고, 그 결과를 시각화해 보도록 하겠습니다. 다변수 회귀분석은 다양한 독립변수(x1, x2, and x3)에 의하여 영향받는 종속변수(y)의 변화를 이해하기 위하여 이용될 수 있는 분석법으로, 다양한 연구에 활용 가능합니다. 3종의 독립변수에 의해 선형적으로 영향받는 종속변수에 대한 다변수 선형회귀식은 이하와 같습니다.

$$y = a_0 + a_1 x_1 + a_2 x_2 + a_3 x_3 + error$$

위의 식에서 y절편(a0) 및 y에 대한 각 변수의 회귀계수(a1, a2, a3)는 다변수 회귀분석을 진행하여 계산할 수 있습니다. 위의 식에서, 선형적으로 설명되지 않는 오차항(error)을 무시한 결과, 즉, 독립변수(x1, x2, x3)를 통하여 예측된 종속변수(fitted y)는 이하와 같이 표현됩니다.

$$\text{종속변수 예측결과 (fitted y): } y' = a_0 + a_1 x_1 + a_2 x_2 + a_3 x_3 + b$$

다음의 예제에서는 다변수 선형 회귀분석을 진행하고, 3종의 독립변수(x1, x2, and x3)와 종속변수(y), 얻어진 다변수 회귀식을 통해 얻을 수 있는 변수별 기여도(a1*x1, a2*x2, and a3*x3), 그리고 회귀식에 따른 종속변수 예측결과(fitted y)를 동시에 시계열로 나타내어 보겠습니다.

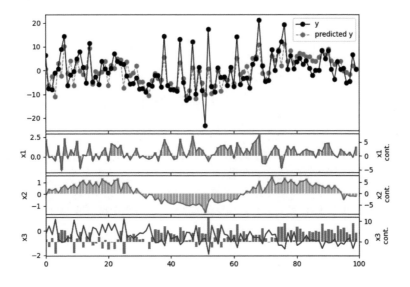

그림 5-5. 다변수 회귀분석 결과를 나타낸 그림. (a) y 값(검은 실선)과 다변수 회귀분석을 통하여 예측된 y 값(회색 실선). x1, x2, 그리고 x3의 실제 값(실선)과 기여도(막대)를 하단에 추가로 나타내었음.

```
import numpy as np
import matplotlib.pyplot as plt
import matplotlib.gridspec as gridspec
from scipy.optimize import curve_fit
```

```
def mullinreg3(x,a,b,c,d):
    return a + b*x[0] + c*x[1] + d*x[2]
```
 # 로지스틱 커브에서와 마찬가지로 curve_fit에 적용할 3변수 다항식의 형태를 만들어줍니다.

예제를 위한 시계열을 생성합니다.
```
ntime = 100
np.random.seed(1)
xvar1 = np.random.randn(ntime) + .5 # 랜덤 요소
xvar2 = np.sin(np.arange(ntime)/10.) + np.random.
randn(ntime)/4. # 주기 요소
xvar3 = np.random.randn(ntime)/2. - np.arange(ntime)/100. #
장기추세 요소
yvar = 3.*(xvar1**2.) + 5*(xvar2**3.) + 7*(xvar3**2.) +
np.random.randn(ntime)/2.
yvar  = yvar - np.mean(yvar)
```
세 x 값을 이용하여 비선형적으로 y 값을 생성하고, 편의상 y 값의 평균을 제거하여 편차값으로 바꾸어줍니다.

```
xvarset = np.stack((xvar1,xvar2,xvar3)) # 세 x 변수를 합쳐서
```
(ntime, 변수갯수)의 형태로 쌓아줍니다.
```
popt, pcov = curve_fit(mullinreg3, xvarset, yvar) # 선언된 3변
```
수 다항식에 x변수 세트 및 y 변수 세트를 입력, 다변수 회귀분석을 수행하여 popt (즉, a0, a1, a2, a3)를 계산합니다.

```
predicted_y = mullinreg3(xvarset, popt[0],popt[1],popt[2],po
pt[3])
```
선언된 3변수 다항식에 x변수 세트 및 계산된 a0,a1,a2,a3를 입력하여 fitted y를 계산합니다.

```
con_x1 = xvar1 * popt[1] #x1과 a1을 곱하여 x1의 기여도 (a1*x1) 시계
```
열 생성

```
con_x2 = xvar2 * popt[2] #x2과 a2을 곱하여 x2의 기여도 (a2*x2) 시계
열 생성
con_x3 = xvar3 * popt[3] #x3과 a3을 곱하여 x3의 기여도 (a3*x3) 시계
열 생성
intercept = popt[0] * np.ones(ntime) #계산된 y 절편을 시계열로 변환
```

위와 같은 방식으로 시각화를 위한 기초 자료를 생성하였습니다. 여기서 y 값은 x1, x2, x3과 비선형적인 관계를 가지도록 만들어 주었습니다. x 변수나 y 변수를 바꾸어가면서 다변수 회귀분석이 잘 작동하는지, predicted_y가 y 값과 어느 정도의 상관성을 가지는지 살펴보시는 것도 좋습니다. 이하부터는 위에서 생성된 값을 이용하여 시각화를 진행하겠습니다.

```
fig = plt.figure(figsize = (8,6), dpi = 100)
gs = gridspec.GridSpec(4,1, left=0.1, right=0.9 , top = 0.9,
bottom = 0.1,
                        height_ratios=[3,1,1,1], wspace =
0.05, hspace =0.05)
ax0 = plt.subplot(gs[0])
 # 앞서 설명된 gridspec을 이용하여 서브플롯 위치를 조정해줍니다.

times = np.arange(ntime)   # x축 생성
ax0.plot(times, yvar, 'o-',color = 'k', linewidth = 1,zorder
= 5, label = 'k') # y 값표시
ax0.plot(times, predicted_y, marker='o', color = 'grey',
linewidth = 1, linestyle = '--', zorder = 4, label =
'predicted y')
# 다변수 회귀분석을 통하여 예측된 y 값 (fitted y)를 표시
ax0.tick_params(axis='x', labelbottom=False)
# x tick을 생략하도록 설정.
```

위에서는 서브플롯을 선언하고 y와 예측된 y(predicted y or fitted y)를 나타내었습니다. 여기서 예측된 y 값은 x1, x2, x3와 다변수 회귀분석을 통하여 설명된 y로, 위의 다변수 회귀분석이 얼마나 y의 값을 잘 예측하는지를 나타내 줍니다. y와 예측된 y 값의 상관계

수가 높을수록 주어진 변수 및 다변수 회귀분석이 y를 효과적으로 설명할 수 있음을 의미하게 됩니다. 여기에서는 y가 x1, x2, x3와 비선형적인 관계를 맺고 있고, 랜덤 노이즈까지 더해 주었기 때문에 둘 사이의 상관계수(r)가 0.7 가량으로 나타날 것입니다. 이는 선형 다변수 회귀분석 결과 (fitted y)가 y의 변동성을 약 50% 가량 설명함을 의미합니다.

이제부터는 각 변수와 각 변수의 기여도(a1*x1, a2*x2, and a3*x3)를 나타내어 보겠습니다. 3가지 변수를 다뤄야 하는 관계로, 이제부터는 딕셔너리(dictionary)를 활용하여 시각화를 해 보겠습니다.

```
colorset = {'x1':'r', 'x2':'g', 'x3':'b', 'x0':'lightgrey'} #
각 변수별 색깔을 딕셔너리(dictionary)로 지정
dataset = {'x1':xvar1, 'x2':xvar2, 'x3':xvar3}
# 시계열로 그려질 각 변수 데이터를 각 변수의 이름을 이용하여 딕셔너리
(dictionary)로 선언
contset =  {'x1':con_x1, 'x2':con_x2, 'x3':con_x3,
'x0':intercept}
# 막대그래프로 그려질 기여도 데이터를 각 변수의 이름을 이용하여 딕셔너리
(dictionary)로 선언

for vv, vname in enumerate(['x1','x2','x3']): #enumerate 설명
은 아래 참조
    ax = plt.subplot(gs[vv+1], sharex=ax0)
    # 각 변수의 시계열 및 기여도가 그려질 ax를 선언하고, ax0와 x축 특성을 공
유하도록 설정
    ax.plot(times, dataset[vname], color =colorset[vname]) #
변수 시계열 표출
    ax.set_xlim([0,ntime])

    subax = ax.twinx()   # 오른쪽 y축을 추가로 생성.
    subax.bar(times, contset[vname], color =colorset[vname],
alpha = 0.5)
    # 앞서 계산된 변수별 기여도를 plt.bar를 이용하여 그리기
    minr,maxr = contset[vname].min(), contset[vname].max()
    ax.set_ylabel(vname)
```

```
    subax.set_ylim([np.floor(minr),np.ceil(maxr)]) #minr 및
maxr을 이용하여 y축 범위 설정
    subax.set_ylabel(vname +'\n cont.')
    if vname != 'x3':
        ax.tick_params(axis='x', labelbottom=False)
    #x3가 아닌 경우, 즉 맨 밑의 서브플롯이 아닌 경우 틱 라벨을 생략해줍니다.
ax0.legend() #ax0에 그려진 그림의 label옵션 정보를 활용하여 범례 표시.
plt.show()
```

여기에서는 딕셔너리(dictionary) 및 enumerate를 이용하여 결과 표출을 진행합니다. enumerate는 이하와 같이 for 구문에서 이용할 수 있습니다. enumerate은 입력된 리스트를 대상으로 리스트의 각 원소의 순서(인덱스(index))와 원소를 반환하는 함수입니다. 예제를 살펴봅시다.

```
for ii, jj in enumerate(['a', ['b','c'], np.arange(10)]):
        print (ii, jj)
```

```
0 a
1 ['b', 'c']
2 [0 1 2 3 4 5 6 7 8 9]
```

이처럼 enumerate는 인덱스(index)와 원소를 함께 순차적으로 반환하기 때문에, 다양한 활용성을 가지고 있습니다. 위에서는 반환된 인덱스(index)를 이용하여 서브플롯을 순서대로 선언하고 딕셔너리(dictionary) 내의 각 변수를 호출하는 데에 enumerate를 활용하였습니다. 앞 절에서도 이용된 바 있지만, 딕셔너리(dictionary)는 행렬이나 리스트, 서브플롯 등의 데이터를 자유롭게 담을 수 있으며, 지정된 키를 이용하여 데이터 호출이 가능한 일종의 리스트입니다. 다소 개념이 생소할 수 있지만, 다양한 종류의 데이터를 다루는 경우에 딕셔너리(dictionary)를 활용하면 편하게 데이터 처리를 할 수 있습니다. 예를 들어 기후모형의 다양한 변수를 시각화하는 경우에, 전처리 후 딕셔너리

(dictionary)를 이용하여 변수별 데이터를 저장해두고, for 및 enumerate로 데이터를 호출하여 시각화시키는 것을 고려할 수 있습니다. enumerate는 필수적인 용법은 아니지만 for 구문을 보다 간결하게 작성할 때에 큰 도움이 되며, 딕셔너리(dictionary)는 굉장히 유연한 자료 특성을 가져서 활용성이 매우 높고 다중 데이터 분석에 큰 도움이 됩니다.

INDEX